信山社双書
法学編

法学入門
社会生活と法

山田卓生 著

信 山 社

はしがき

「社会生活と法」というテーマで、法をとりあげる場合、いろいろなかたちがありうる。本書は、社会生活において、法がどのような働きをしているかを考えようとするものである。法の働きは、普段それほど眼につくものではないが、少し注意してみると、政治、経済、教育、医療、交通、金融、家族、道路、土地、事故といった、社会生活のあらゆる場面において、法が機能していることに気づく。ただ、実際には、抽象的な法ではなく、消防法、建築基準法、地方税法、戸籍法、消費者契約法といった具体的な法律が問題になるのであり、決して法一般の問題ではない。しかし、どんな法律であっても、法としての特色を備えているといってよいため、法の問題として一般的に扱っていくことにする。その際、抽象的にならないようにできるかぎり実例をあげて考えていくことにしたい。

主として扱っているのは、次のような問題である。

第一は、社会において、きわめて多種多様な法が存在しているが、それらにはどんな種類のものがあるかを、法学においてよく用いられる分類基準をもとに考えることである（***1***〜***8***）。

第二は、法と密接な関連のある裁判について、かなり詳しくふれた。法なくして裁判なく、裁判なくして法なしといってよいほど、両者は不可分の関係に立つからである。法の解釈とか法のつくり手、にない手という問題も、裁判と関連する（**3**、**9**～**11**）。

第三は、法の内容について、道徳、常識との関連や、外国法との比較において考え、社会変動に法がどのように適応していくかをも扱った（**11**～**15**）。

さらに、実定法をやや具体的にその概要を解説している（**15**～**20**）。実定法の解説は、詳しくすれば長くなるが、ここではその基本的な内容をコンパクトにまとめたものである。

こうした法の社会生活における機能とともに、法というものの考え方の特色を、できるかぎり明確にしようとした。法は、主として専門家である法律家により運用されるものであり、そうした人々の考え方を把握することが、法の理解に資すると考えるからである。そのためいくつかのトピック（たとえば、法の理念、法思想）も省くことにした。

ここで扱われることは、大学では、教養教育科目あるいは共通科目の「法学」として教えられる。しかし、実際の法律問題は、具体的な問題にいかなる法を適用するかというかたちであり、法律学が扱うのは、ほとんどがそうした具体的問題であるが、本書では「法学入門」という性格上、一般的考察にとどめた。

本書は放送大学で使われた『社会生活と法』（一九八六年）をベースに大幅に加筆し、その他に、実定法のうち、民法財産法、家族法、刑事法、行政法、国際法についての章を新たに書き加えたものである。とくに（裁判員制度、法科大学院など新しい状況の説明を加えた）法の性質、役割などを初学者にやさしく簡潔に解説している。法学を学ぶ人たちにとって、現在の社会における、法の役割と法律的ものの基本的な考え方を学ぶための、ささやかなりとも手引きとなれば望外の幸せである。

出版にあたっては、信山社の稲葉文子さんにはいろいろ貴重な指摘をいただき、たいへんお世話になった。また校正の段階では、上机美穂さんから最近の法律改正についてご教示を得た。厚く感謝したい。

二〇一三年二月

山田卓生

■法学入門　社会生活と法

目次

はしがき

法令略語（本書で使用したもの）

憲	憲法	地自	地方自治法
民	民法	労組	労働組合法
刑	刑法	自賠法	自動車損害賠償保障法
刑訴	刑事訴訟法	道交	道路交通法
民訴	民事訴訟法	法適用法	法の適用に関する通則法

1 社会生活における法

1 社会と法

「社会あるところに法あり」という古代ローマの法諺がある。どんな社会にも法が存在し、法なくして社会は存立しえないことを意味するものであろう。大は、国家のような大きな社会から、学校、会社、宗教団体、農協、各種の業界団体、団地の自治会、同好会といった中ないし小社会にいたるまで、社会は法によって維持されているといってよい。もっとも本格的なのは、国家の法（国家法）であり、社会の隅々にまで、法の網の目がはりめぐらされている。それと比べると、会社、学校、同好会といった小社会（micro-society）または部分社会における法は、その機能と関連した法に限られる。たとえば、会社に関する法は、会社法のほか、会社の根本規則たる定款に定められているが、その内容は、株主の保護、取締役会の権限、新株発行の方法といったように、会社に特有のものである。また学校に関する法は、誰が学校を設置し、修業年限、教員の資格、入学資格、卒業要件といった学校特有の事項を定めている。農協についても、団地の自治会や、スポーツ同好会についても同様である。

いずれにしろ、社会は、人々が気がつくか否かとは別に、法によって維持されている。以下では、社会生活において、法がどのような役割を、どのようなかたちで果たしているかを中心に、法をめぐる問題を考えていこうとするものである。

2 法の敬遠

社会生活において法は不可欠であるといってよいが、それにもかかわらず、法は必ずしも人々によって好意的に見られていない。とくにわが国では、何かにつけ法を持ち出すことは、むしろ嫌がられるといってもよい。このような法に対する否定的判断ないし毛嫌いという現象自体、きわめて興味深い研究対象であるが、ここでは立ち入らないことにする。

なぜ法を学ぶのか

法は敬遠されるものであるにもかかわらず、毎年何万人という学生が、大学の法学部、さらに法科大学院において法を学ぼうとして入学する。法学部入学生は、法そのもの、あるいは法の重要性について知っているかといえば、ほとんどが知らない。法を学ぶことが面白いから入学するわけではない。何か知らないが、法が重要で、社会に出てからも役立ちそうだというので、法を学ぼうとするにすぎない。しかし、法を本格的に学んで、その面白さを発見する学生はむしろ少ない。大部分は、何か知らないが大切だというので学んだが、どうにも面白くないという思いで卒業していく。中には、法とはそれきり、縁がないということも少なくない。

一般人が法を敬遠する一つの原因は、刑法を考えて、できれば刑法の厄介にならないで一生を送りたいという点にあるであろう。たしかに刑法に違反して処罰されることを望む人はいないであろう。現実に大部分の人々は刑法のお世話にならないで一生を送っている。しかし、刑法だけでなく、市民間の紛争――たとえば売買、借家、交通事故――にまきこまれた場合にも、なるべく法律を持ち出さず、穏便にすませたいという考え方が強い。こうした私人間（民事）の関係において、法を持ち出すことは、ギスギスしたものと受けとられ、何かというと法律ではこうなりますという人に対しては、まゆをひそめることが多い。

法律家のイメージ

日本だけではない。昔から、法あるいは法律家のイメージは決してよいものではなかった。法律家への悪口や、罵詈雑言《ばりぞうごん》はあげ出したらキリがない。

たとえば、宗教改革の立役者であるマルティン・ルッター（一四八三―一五四六）は「よい法律家は悪しきクリスチャン」であるといっているし、イギリスの小説家のA・ベネット（一八六七―一九三一）は「法律家は今日の社会的進歩の最も悪質な敵である」と喝破《かっぱ》している。さらにアメリカのある大使は「私は時々、この世に法律家が存在しなければよいのにと思う」とのべている。いずれも、法律家に対するきびしい批判であるといってよい。

法律学が盛んなドイツでは、若くして法律学を学び始めたが、これに幻滅し、文学や、音楽の方面で大をなした人々が少なくない。たとえば、詩人ハインリッヒ・ハイネ（一七九七―一八五六）は、法令集（六法全書）のことを「悪魔の聖書」であると呼び、法律学を「パンの学問」であるとした。またロマン派の音楽家ローベルト・シューマン（一八一〇―一八五六）も、若き日、ライプチヒとハイデルベルクで法律を学び、母親への手紙にも法律を一生懸命学んでいると書いているが、まったく興味をもつことができず、やがて音楽に転じている。わが国にも、法律を学んだが好きになれず文学者になった人々が少なくない（大佛次郎、三島由紀夫、逢坂剛など）。

日本では、法律家の社会的地位は決して高くはなかった。明治初年、弁護士は代言人と呼ばれたが、ときには三百代言《さんびゃくだいげん》とも呼ばれ、それを略して「三百」とも呼ばれた。もともとは、資格のない者を呼ぶことばであったが、詭弁《きべん》をろうする者という意味で、弁護士を三百（代言）と呼んだのである。そして、少なくとも戦前においては、弁護士はそれほど高い社会的地位を占めてはいなかったといわれる。

3 法はなぜ必要か

法を知る
権利と義務

このように、法や法律家が嫌われ、批判されているが、それでは、法も法律家もなくてもよいのかとなると、そういうわけにはいかない。人々が法を敬遠し、できれば法なんかない方がよいと思うのは自由であるが、法の側からはそういう人々に対しても、きわめて強い関心を示しているからである。それは「あなたは法に無関心であっても、法はあなたに無関心ではありませんよ」と表現できるであろう。人々が、法を知らずにしたことが、法に違反するとして、法的な責任を追及された場合、「わたしはそんな法があることを知らなかった」では通らない（刑三八条三項）。脱税したとして呼び出された人が、税金を払わなければならないとは知らなかったという弁明は通用しない。法を知っていたか知らなかったかと関係なく、法に定められた通り、法が適用されるのである。

そうなると、「法が嫌い」ではすまされない。市民として、法について最低限のことを知っておくことは、権利であるとともに義務である、とさえいえるであろう。

4 社会秩序は法によって維持されるのか

法の軽視の根本にあるのは、法なんかなくても社会はうまく治まっていくという考え方である。西洋では、イギリスの政治思想家ホッブス（一五八八―一六七九）は『リヴァイアサン』（一六六〇年）のなかで「万人の万人に対する戦い」を自然状態であるとする考え方をとっている。自然にまかせておけば戦いになってしまうから、戦いをやめさせ、社会を秩序づけるために法が必要だとするのである（社会契約説）。これに対して、わが国で法を重視しない考え方というのは、平和を自然状態と考えるものといえるであろう。つまり、法なんかなくても社会に秩序は存在し、平和は保たれるというものである。

法がなければどうなるか　はたしてそういえるであろうか。現在行われている法をすべてとりはらった場合にも、平和が保たれるであろうか。実験するわけにはいかないが、おそらく、そうではないであろう。弱肉強食の無政府状態が出現するのではあるまいか。

やはり、ホッブスのいうように、社会を秩序だてるためには法が必要とされ、法によって基本的な社会秩序が維持されていると考えるべきであろう。もっとも、法によって秩序を維持するといっても、力を背景として、無理やり秩序をつくり上げていくというのではなく、最終的には、力による強制を背景としながら、秩序を維持していくということである（⇩**11**）。

5　国家法と非国家法――規範

社会を秩序づけている法といっても、さまざまなレベルのものがある。もっとも重要なのは国家法であるが、国家の中においても、さまざまの非国家的な法（rule）が存在し、それらが相互に依存し、社会秩序が保たれている。

規範というかたちと慣習や習俗　まずそうした非国家的な法から考えていくことにしたい。法は、国家法であれ非国家法であれ、規範（norm）とよばれる。規範は、AであればBであるべしというかたちになっている。たとえば、契約を結んだ人は、これを守りなさい、守らない場合には、かくかくの不利益（損害賠償）を負わされるとか、所得のあった者は、一定の割合による所得税を支払うべしというかたちである。刑法は一般に、人を殺すな、盗むなということを規定するものと考えられているが、実際には、人を殺した者は、死刑、無期または五年以上の懲役刑に処すというかたちで書かれている（刑一九九条）。

このように国家法はA→Bというかたちであるが、慣習とか習俗、しきたりといった非国家法も、同じかたちになっている。たとえば、正月には松かざりを飾るべしとか、年二回、世話になった人に中元と歳暮を贈るべしといったかたちである。

国家法の特質　国家法と非国家法は、規範という点では共通しているが、両者には、種々の点で違いがある。

第一に、国家法は、判例法や慣習法（後述）を除けば成文化されていることである。つまり文章のかたちで書かれ、これが法律ですということで公布され、誰もが知りうるようになっている。以前には、国民に法を知らせず、内緒にし、役人だけが法を知っていて、違反した者を処罰するといったことも行われていたが、これは明らかにフェアではないというので、法律を公布するという態勢がとられるようになった。

これに対して、非国家法は、ほとんどが不文で、明確になってはいない。たとえば、正月に松かざりをせよとはどこにも書いてない、昔からそう言い伝えられてきたというだけであり、もしそれをしなかった場合どうなるかも明確ではない。中元や歳暮もそうであって、年二回そうした贈り物をするのがしきたりだというだけで、誰が、誰に対して、何をといったことはどこかに書かれているわけではない。またある年それを忘れたからといって制裁があるわけではない。

法の専門スタッフ

第二に、国家法はこれを実現するための専門的スタッフがおかれていることである。具体的には、刑事法については、犯罪の容疑者を逮捕、取調べをする警察官、取調べのうえ訴追する検察官、裁判をする裁判官、さらに刑罰を行う刑務官がおかれており、民事法では、当事者の訴えについて判断する裁判官と、これを実現する執行官がおかれている。こうした、国家法規範の番人ともいうべき人々がおかれているのが国家法の大きな特色である。

これと比較すると、非国家法には、こうした番人はいない。番人がいないだけでなく、規範に違反した者に対する制裁そのものが明確でないため、規範を強制的に実現するといったことはない。

国家法の統一性

第三に、国家法は、国家内で統一的に行われなければならない。アメリカ合衆国やドイツ連邦共和国のように連邦制をとる国においては、州（State）領邦（Land）によって法律が異なるが、日本のような中央集権国家においては、県によって国家法が異なることがあってはならない。わが国でも、いわゆる地方自治ということで、都道府県、市町村が独自の条例をつくることはできるが（⇩**8**）、国家法に関しては全国一律である。

こうした場所的な統一性がはかられなければならないだけでなく、時間的な統一性がはかられなければならない。法律が改正されれば別であるが、そうでないかぎり、昔も今も同じ法律が適用されなければならない。こうした統一性を保つために大きな役割を果たしているのが、先例である（後掲四二頁）。法の安定性の維持のために、先例があれば、それに従っていく。ただ先例は変更できないというわけではないが、よほどのことがないかぎり変更しないというのが法の原則になっている。

これと比べると非国家法は、場所的にも、時間的にもきわめてバラエティに富み、また容易に変わる。たとえば、松かざりにしてみれば、都会よりは農村地域で守られているし、一般人の間より商人間で行われている。また贈り物のしきたりにしても、職業や年齢によって、これに従う人の割合が違っている。

国家法と非国家法の関係

このように、国家法と非国家法との差異は顕著であるが、両者はまったく関係がないわけではない。両者は、密接に関連し、いわばもちつもたれつの関係にあるといえる。社会に存在する非公式の規範が、国家法を支えていると同時に、国家法が非公式規範の支えになっていることもある。

ときには、国家法と非公式規範が衝突することもある。たとえば、社会的には世話になった人に贈り物をすべきだとされても、国家法では、そうしたことを賄賂であるとして禁止することもある（刑一九七条）。また、国家法に従った行為が、ある社会においては、規範に反することとして糾弾《きゅうだん》されることもある（たとえば、社内の不正を警察に通報する）。

両者が衝突した場合、一般に国家法が優先するが、現実には、より小さい社会の規範の方が強い効力をもつこともある。とくに宗教団体とか、秘密結社（マフィア、暴力団）の規範の拘束力はきわめて強力で、国家法も及ばないことがある。

法という場合、国家法を思い浮かべることが多いが、現実の社会生活のなかでは、国家法でない規範が、社会秩序の維持に大きな役割を果たしていることに注意しなければならない。

社会生活においては、人々が意識するとしないとを問わず、法が大きな役割を果たしている。法は、一般にあまり歓迎されてはいないが、それにもかかわらず、社会生活において不可欠のものである。

以下では、こうした社会生活における法の役割を頭におきながら、法のうちでもっとも重要な国家法を中心に、どこにどのように存在し、どのような種類のものがあるかを考えていきたい。

2 法の存在形態

1 法はどこにあるのか

法はどこに、どのように存在しているか。法が眼に見えるとか、テレビに映せるのであれば、この通りですと示すことができるが、法というのは社会関係の中に、規範として存在しているものであるため、具体的に指し示すことはできない。

法の存在　法はどこにといわれた場合、まず考えられるのは、法令集である。法の代表ともいうべき国家法は、ことばで表現され、文章に書かれている。したがって、法令を集めた法令集（六法全書と呼んでいる）を示して、これが法ですということができる。しかし、法令集といっても、結局は本であって、書かれた法の意味するものがすぐに理解できるわけではない。むしろ、人の物を盗んだ者を警察官が現行犯逮捕をする現場を示して、これが窃盗罪（刑二三五条）であり、現行犯逮捕（刑訴二一三条）であるという方がより明確である。それでも、窃盗をした者が逮捕されたというにすぎず、その場で一〇年以下の懲役刑が科せられるわけではない。そうなると、人の物を窃取すれば、一〇年以下の懲役刑に処せられるべしということが法の内容であるといえる。

そうした規範を示したものが法律であり、それを集めたものが法令集であるから、ここでは法令集を中心にして考えていくことにしたい。

不文法

国家法は成文のかたちになっていることは前章でふれたが、国家法は成文でなければならないというわけではない。イギリスや、その影響を受けたアメリカの法は、コモン・ロー（Common Law）といわれ裁判所の判決を中心に発展してきたという歴史的経過から、文章化された法律（条文）のかたちになってはいない。ただ、すべてが判決の中からとり出したルールというわけではなく、判決からのルールを修正したり、まったく新しく法をつくったりする場合には、成文の法律のかたちをとっている。日本は、ドイツやフランスといった大陸法系の国と同じく、成文の法律を中心にしているが、すべての法が成文というわけではなく、裁判所の判決から導き出されたルール（判例法）も、法律同様に重要な意味をもっている。

2 法令集

法令全書

まず現在行われている法はどれくらいあるか。明治初年以来今日まで公布された法令（法律のほか命令も含む）は「法令全書」というかたちで公刊されてきているが、それはきわめて膨大な分量に達している。法令全書に印刷された法令のなかには廃止されたものが多くあり、とくに明治初年のものは今日ほとんど廃止ないし新しい法律によっておきかえられている。そこで、現在行われている法令を分野別に分けた、『現行日本法規』『現行法規総攬』というものが刊行され、毎年法令の改廃ごとにさしかえられているが（加除式）、これも相当な分量になる。現在ではあまりに膨大で、このすべてに精通することは、個人では、たとえ裁判官であっても、弁護士であってもできなくなっている。そのため総務省では、すべての法律をコンピュータにインプットして検索にもれがないようにしている。

六法全書

法令集としては、六法（ふつう憲法、民法、刑法、商法、民事訴訟法、刑事訴訟法の六つの基本法をいう）と呼ばれる法令集が編集されている。六法のなかには、代表的な法令を法の全分野から選んで編集した六法全書と、教育、運輸、道路、建設、農業、銀行、証券、税務、労働、環境、社会保障といった法分野ごとに、法律からかなり細かい規則までを収録した六法がある。こうした六法（法令集）をみると、今日の法が、いかに多方面にわたり、すみずみまでいきわたっているかがわかる。

こうした法体系は、法律をみただけでは把握できず、なぜ法律が必要とされ、それがどのように運用されているかを知らなければならない。そうした法の全分野にわたる詳細な解説をする法律学全集が約三〇年の年月（一九五六－一九八六）をかけて完結したが、それは六〇巻を数えている。

3 成文法の構造

法律は、体系的原理にもとづいてつくられている。まず最上位に憲法が存在し、憲法の次に法律が、法律の下に命令が存在している。下位の法令は上位の法令の精神を体現してつくられ、上位の法令を具体化するかたちをとっている。憲法（昭和二一〔一九四六〕年公布、同二二〔一九四七〕年施行）は、根本規範であり、国家の基本構造を定めるものである。そのため国家組織や、国民の権利義務に関する規定が多い。条文数も九九条（他に補則四条）にすぎない。あらゆる法令は憲法に違反してはならない（憲八一条）とされている点で重要であるが、憲法との衝突が問題になる場合はそれほど多くはない（⇩**12**）。

憲法との整合性　法律は、憲法にもとづき国会により制定されるが、現在行われている法律のかなりの部分は、現在の憲法のできる前に制定されたものである。ただ憲法との整合性を保つため、憲法の発効と前後して手直しがなされた。憲法にもとづいて新しく制定された法律もある。憲法が予定している国家賠償法（憲一七条）、公職選挙法（憲四七条）、地方自治法（憲九二条）のほか、刑事上の人権、手続に関する刑事訴訟法等である。また、民法の後半、親族法（第四編）と相続法（第五編）も、憲法に合致するように全文が改正された。

命令への委任

法律という法形式は、法のうちでもっとも重要なものであり、国権の最高機関たる国会の活動は、法律を制定し改廃することにある。ただ、法律ではあまり詳しいことまで定めきれないので、より具体的なことがらは、命令に委任することが行われる。命令という法形式は、国会が関与せず、行政府によりつくられるが、国会からの委任（法律による委任）が必要とされる（内閣法一一条）。したがって命令は、法律の範囲内のものといってよい。

命令には、政令と省令があり、政令は省庁間での協議のうえ、内閣が制定するかたちをとるが、省令は法律を所轄する省庁が制定する。法律―政令―省令という複雑な階層をとらなくてもよいとも考えられるが、法技術的には必要なものとされている。

たとえば、不動産の取引においては登記が必要とされるが、権利保全のため登記の必要なことは民法一七七条に定められ、その具体的な手続きは不動産登記法が定め、さらに、より詳細に不動産登記法施行令（政令）と不動産登記法施行規則（省令）が定めている。わずかに不動産の登記をめぐる問題についてさえ、こうした幾層にも法令がある。それでも疑問がある場合には、登記を担当する法務局が法務省に問い合わせ、これに対する回答が通達として各法務局（登記所）へ流されるというかたちがとられている。同じことは、戸籍についてもいえるが、登記や戸籍はとりわけ法令の複雑に入りくんだ分野といえる。

こうした、法構造の複雑化に対して、何とかもう少しわかりやすく、簡単にならないかということもいえる。昔、中国では、「法三章」〔漢の劉邦が天下をとった後、秦の煩雑な法律を全廃して、殺人、傷害、窃盗の三つだけを罰する簡単な法律に代えたこと〕といって、法は簡単なほどよいとされたが、簡単すぎると、具体的な場合にどうなるかの予測がつかず困ることが多い。したがって、今日では、法はますます複雑になっているというのが現実である。

4 不文法

成文の法律のほか、不文の法がある。成文法と比較すると、不文法の適用が争われることははるかに少ない。不文の法――文章化されていない法――で、しばしば問題になるのは、慣習法と判例法である。

慣習法

まず慣習法であるが、成文法が右にみたように整備されている以上、慣習法の存在の余地はないのではないかとも考えられるが、そうではない。第一は、成文法とは別の慣習の問題であり、第二は成文法の存在しない領域における慣習法である。成文法をつくるということは、慣習の上にたって、慣習などにたよらなくて済むようにするためのことが多いが、それでも、成文法をつくることができない分野がある。たとえば、山林の利用に関して、古くから入会《いりあい》という権利があったが、これについては民法制定にあたり全国的な調査をしたが、あまりにヴァラエティに富み、ついに統一的な規定をもうけることができず、民法は、入会については、まず「各地方の慣習」

によることとし、次に民法の「共有」ないし「地役権」の規定によるとした（二六三条・二九四条）。つまり入会についての権利関係については、まず慣習によるとしたのである。また、相隣関係についても、民法は規定をおいたが、もしこれと異なる慣習があればそれによるとする規定をもうけている（二二八条・二三六条）。

法適用法　より一般的には、法適用法（「法例」（明治三一年）を改正し、名称を「法の適用に関する通則法」と変更した（平成一八年））という法律の第三条で「公の秩序又は善良の風俗に反しない慣習は、法令の規定により認められたもの又は法令に規定されていない事項に関するものに限り、法律と同一の効力を有する」として、慣習が法律と同一の効力をもつ場合のあることを正面から承認している。

すなわち、第一は、法令の規定が慣習によるとしている場合であり、右にあげた入会や相隣関係に関するものがこれにあたる。もう一つは法令に規定がない事項に関するものである。法適用法三条によると法令に規定がある事項については、慣習は認められないことになる。

しかし、他方で民法九二条によると「法令中の公の秩序に関しない規定と異なる慣習がある場合において、法律行為の当事者がその慣習による意思を有しているると認められるときは、その慣習に従う」としていて、法令に規定があるか否かでなく、当事者が慣習による意思を有していたか否かを重視している。

慣習については、法適用法三条と民法九二条のいずれによるべきかが問題になるが、一般には、法令に規定があっても、ある慣習による意思が当事者にあれば、それを尊重すべきものと解されている。

具体的に、慣習があると認められたことは多くはないが、明治末期から大正初期にかけて、賃貸借契約において、賃料の値上げの慣習があるとされたことがある。この慣習は大正一〇年の借地法（一二条）、借家法（七条）によって成文化され（現在は借地借家法（平成三年）一一条・三二条）ため、以後慣習をもち出す必要はなくなっている。現在では、賃貸借契約更新の際、更新料を支払う慣習があるか否かが争われているが、最高裁判所は慣習ではないとしている。

更新料

借地借家契約において期間が満了した場合、法的には正当事由がない限り更新されることになっているが、賃貸人が更新について一定額の支払いを求め、あるいは支払う旨を規定する。これに対して、最高裁は実際上授受されても慣習とは言えないとしていた。最高裁平成23・7・15判決民集六五‐五‐二二六九は、高額にならない場合、更新料請求ができるとした。

なお、商事法においては、取引についての慣習が多くまた法律以上に重要な役割を果たしている。

づけている。

そのため商法一条は、商法に次いで商慣習法を適用すべきであるとし、商慣習法を民法のうえに位置づけている。

5 判例法

不文法のもう一つのものとして判例法がある。判例法は前述のように、英米では主要な法形式であるが、法律を主要な法形式とするわが国においても、判例法は大きな意味をもつ（くわしくは次章で考える）。

裁判所が以前に下した判断（判決）は、裁判所または一般の人々にとって、法に準ずるものと考えるべきであろうか。裁判が個別的な事件についての判断であるとすれば、事件関係者だけに効力（既判力）をもつものということになるが、裁判は一つの先例とみることもできる。そこに先例を、拘束力ある規範と同等にみようとする考え方が生まれる。

裁判例が先例とみられる場合には、二つある。一つは、法律が規定をもうけていない事項についてであり、もう一つは法律に規定はあるが、その適用の仕方や、規定中のことばの意味が明確でない場合である。

法が欠けている場合

まず、法律に規定がない場合について考える。法律は完備されているとはいっても、完璧で、あらゆる問題をカバーしているわけではない。つまり法には欠缺《けんけつ》がある。これは、社会には新しい現象がどんどん生まれるのに対し、法律はこれを追いかけるかたちになり、その間にどうしてもラグ（ずれ）が生ずる（⇩15）。そうした、法に欠缺のある領域についても訴訟がおきてくる。その際裁判官が、法律に規定がないから裁判はできないということ（裁判の拒否）が許されるのであれば問題はないが、法律がないからといって裁判を拒否することはできないとされているため、不完全な法律をもとにしてでも裁判をしなければならない。

このように、法が欠缺している領域における裁判がなされた場合、それは後の裁判にとって先例とみられるようになる。この例としては、譲渡担保という担保方法があげられる。動産を担保にする場合、民法には、質権しか規定がおかれていないが、質権を設定する場合、質物を質権者に渡すことが必要とされ（民三四四条・三四五条）、目的物を利用しながら担保にすることができない。そこで従来どおり利用しながら担保にする方法として、目的物をいったん債権者に譲渡し、それを債権者から借りて従来どおり利用し、もし債務を履行できない場合には、債権者が引渡しを求めて目的物の所有権を最終的に取得するというかたちが考えられ、これは、裁判所により適法なものとして承認されて、担保方法として行われるようになった。まさに法の欠けている分野に生まれたものである。

法律のことばを的確にする判例

もう一つは、法律に規定はあるが、その規定の意味が明確でない場合である。法律の中には「公の秩序善良の風俗」（民九〇条）であるとか「正当な理由」（民一一〇条）とか「相当の期間」（民五四一条）といったように、抽象的なことばが使われていることがある。

「正当な理由」ありとされれば、自分に有利だが、ないとされれば不利という場合、「正当な理由」があるといえるのか否かは、当事者にとっては重大関心事である。そうした場合、裁判官が、判断することになるが、そうした判断事例の積み重ねは、裁判所の考え方を知るための好個の手がかりになる。つまり、抽象的なことばの意味が、裁判例によって具体化され、それがことばの意味についての先例として機能することになるのである。

以上のような裁判例による場合、不文ではなく、裁判という書かれたものであるから、成文ではないかとも考えられる。しかし、判決の中に文章化されて規範がのべられるわけではなく、あくまで個別的判断をするにあたって、ついでに法の欠缺を埋めたり、ことばの解釈をしているのであるから、そうした判断の中から、ルールをとり出すという作業が必要になる。つまり書かれてはいても、法律の条文のようなかたちで書かれているわけではないから、不文とみるのである。判決からどのようにして、ルールを導き出すかについては、次章でふれる。

3 法と裁判

1 裁判による法の実現

前章で、法がどのようなかたちで存在しているかを考え、その中で、法令として成文化されているものと、裁判例から導き出されたものという区別をした。本章は、成文法と、それを適用する裁判の関係を考える。

法律は、法令集というかたちで、きわめて精緻《せいち》につくられ、運用されていることは、前章でみたとおりであるが、これらの法律は、裁判上適用されてはじめて実現される。

たとえば、人の物を盗めば窃盗罪として一〇年以下の懲役刑に処せられるが（刑二三五条）、盗んだ者はただちに懲役刑に服さなければならないわけではなく、検察官が窃盗の事実とされる証拠（たとえば所有者の物が被告人のもとにあった）を提出して起訴し、裁判所が証拠にもとづき窃盗の事実ありと認定し、犯罪の情状を考慮したうえで刑期を定めて判決を下し、それが確定し、刑務所へ収容されてはじめて、懲役刑に処せられることになるのである。しかも窃盗容疑で逮捕された者すべてが懲役刑に処せられるわけではなく、起訴の段階で、訴追の要なしと判断されれば、起訴が猶予され（刑訴二四八条）、裁判で窃盗の証拠がないか不十分と判断されれば無罪になるとか、情状により執行猶予の判決が下るといったように、最終的な刑の執行には至らないことも少なくない。

民事においても同様で、他人に損害を加えた者は損害賠償の責任があるが（民七〇九条）、他人に損害を与えれば、すぐに損害賠償の義務が発生するわけではない。被害者が、加害者に故意または過失のあることを証明し、受けた損害の額を証明し、裁判所が提出された証拠に基づいて、損害賠償責任を認める判決が確定し、この判決に基づいて執行官によって強制的な執行がなされてはじめて実現されるのである。もっとも、民事では、加害者と被害者の間で、損害賠償についての話し合いをし、裁判によらないで片づけること（和解、示談ともいう）が可能であるが、刑事においてはこうしたことは許されない（⇩**15**）。

裁判による法の実現

このようにみてくると、法は裁判を待ってはじめて実現されるということができる。このことを別ないい方で表現すれば、法律は裁判所を名宛人としているということである。すなわち、法律は、裁判所によって適用されることを第一次的に予定している。法律は、いかにも、国民がこれを守るべきものであるかのごとく書かれているが、実際には、裁判官が裁判をするにあたっての基準を示すものである。このことを明確に示すのは、刑法であり、先の例でいえば、「他人の財産を窃取した者は窃盗の罪とし、十年以下の懲役又は五十万円以下の罰金に処する」とされているが、これはまさに裁判所に向けられたものである。裁判所は、窃盗をした者に対し、一〇年以下の懲役または五〇万円以下の罰金刑を科さなければならないということである。

このように法律を裁判のための基準（裁判規範という）とみていくとその意味も明確になる。たとえば「公の秩序又は善良の風俗に反する事項を目的とする法律行為は無効とする」（民九〇条）とされているが、これは公序良俗に反する事項を目的とする行為を、裁判所は有効とは扱わないという意味である。ただ、裁判所に向けられてはいるが、裁判所がこうした規定にもとづいて裁判することになれば、一般の人々も、公序良俗に反する事項を目的とする行為をするわけにはいかないということになる。また、窃盗に対して一〇年以下の懲役であるならば、窃盗をするなという意味だと受けとることになる。

2 法の不備と裁判の拒否

法律は裁判所によって適用されるわけであるが、前章でものべたごとく、法は完備しているわけではなく、また法律の規定はすべてが疑問の余地のないほど明確なものではない。ここに法律の意味は、裁判を通じて明らかになるという問題が出てくる。

裁判官は、憲法七六条により「その良心に従ひ独立してその職権を行ひ、この憲法及び法律にのみ拘束される」とされている。これは、裁判官は憲法と法律の基準に従って裁判すべきであり、自分の考えるところに従って裁判をすることはできないというものである。つまり、裁判官の判断は、公平であればよいというものではなく、何よりも法律に従ったものでなければならないのである。

ところが、法律は完備したものではなく、意味が明確でないものもあるため、法律だけでは判断ができない場合が出てくる。もっとも有名なのは、電気窃盗をめぐる問題である。刑法は「他人の財物」を窃取する行為を窃盗としているが、明治時代に、電線からこっそり線を引いて電気を利用した者が窃盗になるかどうか、つまり電気は財物にあたるかが争われた。電力会社に無断で電気を使うのはけしからん行為であることは疑いがないが、果たしてその行為を財物の窃取といえるかどうかが問題になったのである。大審院明治36・5・21判決(刑録九-八七四)は、財物であるためには「管理可能性」があればよいとして窃取にあたるとした。この点を明確にするため、明治四〇年に電気を財物とみなすという刑法二四五条がもうけられた。

法の欠缺

このように関連する規定が法律に欠けている場合を「法の欠缺《けんけつ》」と呼んでいる。社会に新しい現象が日々に生起してくると、当然に法律が予想していなかった問題が生まれてくる。そうした問題が裁判所に持ち込まれた場合、裁判所は、関連する規定がないことを理由として裁判を拒否することができればよいが、裁判を拒否することは認められていない。そうなると、何らかのかたちで裁判所は、いわば「ない袖をふる」、つまり法律がない事項についての裁判をしなければならないのである。

こうした事態を予想してであろう、スイス民法典ＺＧＢ（一九〇七年）第一条二項は、適用すべき法も慣習もない場合、裁判所は「裁判官が立法者であったならば、つくったであろう準則をつくって適用」すべきものとしている。この考え方はおそらく、わが国でも通用するといってよいであろう。わが国では裁判所が準則をつくることは認められていないから、裁判官が準則を何らかのかたちで発見してそれによって裁判することになるであろう。

3 法の適用

裁判官は、法律に拘束されるとはいっても、法律自体が明確でない場合が多い。たとえば、殺人罪について刑法一九九条は「人を殺した者は、死刑又は無期若しくは五年以上の懲役に処する」と定めているが、人を殺した者に対して、この条文を適用すればすぐ判決ができるわけではない。まず「人を殺したる」とは何をいうのかが問題になる。よく、「事故で殺された」とか、「ひき殺された」とかという表現を使うが、この場合は、殺人罪にいう「人を殺した」にはあたらない。殺人というのは「故意に人を死に致らしめる」ことであって、事故の結果死に致らしめた場合には、過失致死罪（刑二一一条）にはなっても、殺人にはならないからである。こうしたことばの意味の解釈をしてはじめて、法律による裁判ができるのである（この点は**9**、**10**でふれる）。

次に、故意に人を殺した場合の刑罰として、死刑から五年以上の懲役という、きわめて幅広い刑を定めている。この中からどれを適用したらよいのかの、選択の問題がある。実際には、残酷であるとか、殺人の動機といった罪状によって重い刑を課すか、軽い懲役刑にするかといった、刑の量定がなされる。つまり、法律の適用をすればすぐ結論が出るわけではなく、法律の規定にもとづいた種々の考慮をしたうえで裁判がなされるのである。

ところで、現在行われている法律は古いものが多い。古い法律もその後の改正で、ある程度、現在の状況に対応できるようになっている。しかし、基本的な六法といわれる憲法、民法、商法、刑法、民事訴訟法、刑事訴訟法のうち、戦後につくられたのは憲法と刑事訴訟法だけで、あとは、戦前の制定であり、旧かな遣いで、しかもカタカナ（ただし民法の第四、五編は、戦後全面改正されて、ひらがなになった）であった。そうなると、新しい現象にいかに適用するかという問題が出てくる。一九世紀末の制定にかかる民法には、「居職人」（民一七三条二号）とか「木戸銭《きどせん》」（民一七四条四号）、「棟梁《とうりょう》」（民一七〇条二号）といったことばがあったが、平成一六年改正でいいかえられた。現在でいうと何がこれらにあたるかを考えなければならない。

百円手形事件

裁判官は、法に拘束されるという例として百円手形事件がある。ある手形には「金壱百円」と「￥1,000,000」という金額表示がされていた。一見してわかるように、壱百円というのは、「壱百万円」の間違いである。しかし、手形法六条には、手形の金額に差異があるときは、文字で記載された金額を手形金額とするという規定がある。この手形の金額が百円か百万円かについて、最高裁は、明白な誤記と見ることは取引界を混乱させるとして、手形法の通り文字による金額（百円）であるとした（最高裁昭和61・7・10判決民集四〇-五-九二五）手形法の規定がなければ壱百円は誤記で、百万円を手形金額とすることに、まず異論はない。しかし手形法に明白な規定がある以上、これを無視するわけにはいかないとしたものである。

この判決には、百万円と考えるべしという反対意見があり、また学者もこの考え方をとるものが多い。たびたび出てくる事例ではないが、裁判が法に従うべしとすることを示すものといえる。

4 先例としての裁判

裁判が法にしたがってなされなければならないという面をみてきたが、今度は、裁判によって法が明らかになっていくという面をみていきたい。

新聞やテレビではほとんど毎日のように、裁判についての報道がなされている。裁判が特定の当事者に関するものであるとすれば、特定の人々に関するものをなぜそれほど報道するのかと考えられる。もちろん、裁判になった事件そのものが注目されるものである場合には、裁判の結果がどうなったのかに関心があるといえるであろう。しかし裁判の結果への関心は、単にその事件についての関心ではなく、当該事件についての裁判が類似の事件にもたらす影響に注目してのものである。つまり事件の関係者が誰であるかについてよりも、ある種の事件についてなされた裁判の結果についての関心である。

これは別のいい方でいえば、裁判所の判断は、あたかも新しい法律ができたのと同じような意味をもっているのである。つまり裁判は、同種の事例について、先例として機能するのである。AB間の事件についてA勝訴という判断がなされた場合、ABとほぼ同じ立場のCD間の争いについて、Aと同じ立場に立つC勝訴という判断をしなければならないわけではない。ABの事例とCDの事例とでは当事者だけでなく、事件の背景や、状況が違うのであれば、ABの事例とは独立に、CDを考えてもよい。しかし、ABの事例とCDの事例が、基本的に同じものであれば同じ判断がなされるべきだとも考えられる。

判例の拘束力

判例法を中心にしている英米法では、裁判所の判断に拘束力があるとされているが、わが国では拘束力についてそうした考え方はない。しかしながら、一般に裁判所の判決に先例的意味があるとする考え方が強い。その根拠としては、次の三つがあげられるであろう。

① 平等、公平　まず、同じような事案についての先例がある場合、それと同じような判断（解決）をすることが、公平であり、平等の要請にかなうといえる。「同じ事例は同じ扱い」（Like cases alike）というのは、誰にとっても納得できることといえる。ただ、問題は、同じ事例かどうかである。極端にいえば、当事者が違うだけで、同じではないといえる。しかし、当事者が誰であるかが裁判にもつ意味は、あまり大きくないとすれば、当事者が違っても、同じ事例であるということを妨げないであろう。

② 安定性　裁判所により、ある判断がなされると、裁判所の権威がある判断であるだけに、それは、今後の指針として受けとられる。つまりある判断がなされると、その判断は今後も踏襲されるという期待を生み、その判断に従った行動がとられるようになる。このことはとりわけ金融や保険といったビジネスの世界に多い。安定性を求めるからだともいえる。

裁判所の側でも、個別事件についての判断であると同時に、一般的な準則となることを意識し予定して、裁判をしているともいえる。

③ 便宜―能率的処理　最後に裁判所の立場であるが、先例がある場合、それに従った判断をすることは、労力の節約になり、便宜でもある。つまり、裁判を能率的に処理するためには先例に従った判断をするのがよいということである。裁判に限らず先例に従った処理というのは、事務処理を確実かつ迅速にするという意味をもつ。ただ、裁判は、特殊な事件を除いては、大量処理ではなく、それぞれに特色のある事例であることも多く、そうした場合には、安易に同種のものとして、先例による処理をすることは、好ましくないといえるであろう。

5 判例の変更

このように、裁判には拘束力があると考えられ先例とされるが、裁判所は必ず先例に従わなければならないわけではない。従来の先例を変更して新たな判断をすることも認められている。このことを、裁判所法は、最高裁判所について規定している（一〇条三号）。ただ、従来の判断を変更する場合には必ず、大法廷でしなければならないとしている。このことは判例を変更してもよいが、その場合には、より慎重な審議をしなければならないことを意味している。つまり変更を難しくするかたちで、変えない方がよいという考え方をとり、先例の拘束力を定めているともいえる。

最高裁による判例変更　最高裁判所が判例を変更したことは、それほど多くはない。それは、法律の改正に匹敵する意味をもつ。いくつかの例をあげる。

① 公務員の労働基本権をめぐり、公務員の争議行為に対し刑事罰を科すことができるか否かが争いになり、当初は、刑事罰を科しうるとしていたが、昭和四〇年代に刑事罰を科すことは違憲であるとされた。しかしながら数年後、再び刑事罰を科しうるという判断に変わった。まさに、めまぐるしい法改正といってよい（最高裁大法廷昭和48・4・25判決民集二七-四-五四七）。

② 刑法二〇〇条は、尊属殺人について通常の殺人より重く死刑又は無期懲役に処するとしているが、これが法の下の平等に反するか否かが争われ、昭和二五年の判決では合憲だとしたが、昭和四八

年の大法廷判決で、尊属殺を重く罰することは憲法の平等条項（一四条）に反するという判断に変わった。違憲とされた刑法二〇〇条は、本来すぐ削除されて然るべきであったが、二〇年以上たって平成七年になって削除された（最高裁大法廷昭和48・4・4判決刑集二七−三−二六五）。

③　公職選挙法に定める選挙区割が、いわゆる一票の価値にきわめて大きな差をもたらしている点について、以前は違憲ではないとしていたが、昭和五一年以後最高裁判所は、選挙そのものは無効ではないが、選挙区割を定める規定は無効であるとした（国会議員定数訴訟、一票の価値訴訟）。これを受けて国会は、何度か法律改正をしたが、あらためて違憲判決がつづき、国会の法改正の対応がなされている。

このように、裁判により法がつくられていく。したがって、法なくして裁判はなく、裁判なくして法はないといってもよいであろう。

【参考文献】

＊川島武宜『科学としての法律学』（弘文堂、一九九五）

著名な民法学者による法律学の性質、科学性といった問題についての学術書。法律をこれから学ぼうとする者が考えるためのもの。

『来栖三郎著作集Ⅰ』（信山社、二〇〇四）

この著作集に収められた　法の解釈についての論文（法律家・法の解釈における制定法の意義など）は法を学ぶ者にとって刺激的な論文である。

参考文献に付した＊は絶版となっているため、図書館などでの閲覧をお勧めする。

4　法は誰がつくるのか

1　法はつくるものか

近代国家の憲法の基本原理である三権分立の考え方からいえば、法をつくるのは、立法機関、わが国でいえば国会である。したがって「法は誰がつくるか」という問題に対して、国会と答えれば、問題は片づく。しかし、法律をつくるという意味でいえば、国会に限られるが、より広く法をつくるという意味に解すれば、行政府や裁判所も、命令や判例というかたちで、法をつくっている。本章では、国会による立法活動がどのように行われるかを中心にしてみたあと、行政府と裁判所による法形成を考えていくことにしたい。

法の生成という考え方

法をつくるという考え方に対しては、法はつくろうとしてつくれるものではない。ことば（言語）と同じく、自然に生成するもので、そうした生成してきた法こそ重要だとする考え方がある。これは、一九世紀のドイツの代表的法律家の一人F・K・サヴィニー（一七七九―一八六一）の考え方であり、歴史学派といわれる人々の見解である。たしかに、誰がことばをつくったかを特定することはできない。現に行われている法も、その淵源を尋ねると、誰かがつくったというよりも、自然に生成してきたものということができる。法典や法律のかたちになったものも、もとは社会に自生的に存在したものを成文化したものという見方も可能である。しかし、すべての法が生成してきたものということはできないであろうし、生成した法を積極的に不都合であるとして、修正するために、法がつくられることもある。したがって、ある法の淵源がどこにあるかを尋ねるという意味では、歴史的な探求も必要とされるが、人為的に法をつくるという考え方をとることはできるであろう。

2　法典編纂

法をつくるという場合にも、必要に応じて個別的に法律をつくるという場合と、大規模な法典の編纂をいう場合がある。ここでは立法作業のうちで大規模な法典編纂についてみていこう。法典すなわち、成文法規を体系的に編成した法律は、大きな社会変動の後につくられることが多い。とくに、革命的ともいうべき社会変動のあとに、新たな社会の基礎固めというかたちで、法典がつくられることが多かった。

ナポレオン法典　とくに有名なのは、フランス革命の後、ナポレオンの指揮の下に制定されたフランス民法典である。ナポレオン自身は、タッチしていないが、ナポレオンの下に設けられた委員会が、一八〇四年民法典と商法典を制定した。これは革命前に、各地で行われていた多様な慣習法を統一し、体系的に整序したもので、二〇〇年以上たった今日にいたるまで、生命を保ちつづけている。ナポレオンは自分のしたことのうち、法典だけは残ると考えていたといわれ、ナポレオン法典とも呼ばれる。フランス革命によってもたらされた新しい市民社会体制の基礎固めをし、従来の法体制を否定するものとして重要な意味をもつ。

ドイツの民法典

ドイツにおいても一八七一年ビスマルクによりドイツの統一がなしとげられた後、一八七四年に、統一的な民法典（ＢＧＢ）の起草委員会がもうけられ、一八八八年の第一草案、第二、第三草案を経て、一八九六年に完成し、一九〇〇年一月一日を期して施行された。ドイツは統一以前は、バイエルン、ザクセンといったラント（領邦）ごとに別々の法が存在し、統一国家にとっての障害となっていたところに、統一した国家法が制定されたのである。この法典も周到な準備過程を経てつくられたものであるだけに、きわめてすぐれた法典であるとされ、今日まで一〇〇年以上たつが、各種の修正をされているが、行われている。

日本の民法典

わが国でも、明治維新後に法典編纂がなされている。まず、明治四年には、江藤新平（一八三四－一八七四）が法典の必要を説き、箕作麟祥（一八四六－一八九七）に命じて、前述のフランス民法典を翻訳させている。その後フランスから法学者ボアソナード（一八二五－一九一〇）を招へいし、まず法律家の養成にとりくみ、その人々とボアソナードを中心に、明治二三年民法典が完成された。しかし、この法典については、わが国の淳風美俗に合わないとして、開設まもない帝国議会で論争になり、結局施行が延期された。それに代わり、新たな法典調査会（起草委員は穂積陳重、富井政章、梅謙次郎）がもうけられ、数年の準備の後、明治二九年に現在の民法典が制定された。この民法典は、施行以来一〇〇年を経過したが、戦後全面改正された親族・相続編（第四編・第五編）を除いて、今日に至るまで行われている。

このように、大規模な法典編纂作業によってつくられた法律は、その後の社会変動に耐え、社会の基礎になっている。

アメリカのリステイトメント

こうした法典編纂と異なるのが、アメリカ法におけるものである。アメリカ合衆国では、五〇の州と、五〇州からなる連邦のそれぞれについて異なった法制度が存在していて、州の間の取引とか法律問題にとってきわめて不便であるため、何とか統一した法をつくろうとする試みがなされてきた。一九二三年につくられたアメリカ法律協会（American Law Institute）は、各州の法（判例法）を参照しつつ、法規則を再述（restate）する試みを開始し、以来一〇以上の法領域について大規模なリステイトメント（Restatement）を作成し、改訂（第三版）してきた。これは、法典編纂のように国家によるものではなく、法律協会という権威はあるが、非政府的な団体によるものであり、そのため強制的に適用される法ではないが、法に準ずる意味をもっている。

このほか商事法に関して、統一商法典（Uniform Commercial Code—UCC と略される）がつくられている。これも公的なものではなかったが、その後四九州（フランス法制度を継受したルイジアナ州を除く）で採択されたため現在では統一的法律と同じ意味をもっている。ただ採択にあたって、州が修正を加えたり、留保条項をもうけているため、各州でまったく同じものが行われているわけではない。現在ＵＣＣを新しい取引形態にあわせて改正する試みがなされ、議論されている。

3 立法府による法律

立法府

国会は、法律を制定することを主要な任務としている。日本の国会は、毎年一月に通常国会が召集され、普通五月ないし六月まで立法活動をする。国会の任務は、法律づくりに限らず、条約の批准、予算案、重要な人事案件の承認などがあるが、何といっても法律づくりが主要な任務である。国会で制定される法律の数は、毎年百に近い。ただすべてが新しい法律ではなく、既存の法律を改正する法律の方が多い。しかも、一つの法律で、いくつかの法律を改正する法律というかたちが多いから、改正箇所は膨大な数にのぼる。

法律は、立法府のメンバーである国会議員によりつくられ、提案されるのが原則であるが、実際には、大部分の法律は、行政府の所管省庁の準備のもとに、内閣によって提案される。わが国では国会と内閣との関係について議院内閣制がとられているから、実質的には立法府によるものと考えてよい。なお、国会議員または政党により提案される法律は、衆、参両院の法制局を経て国会に提出され議員立法という名で呼ばれているが、数はきわめて少ない。

法律案の準備

法律案は、内閣が提案するが、実際の法律案づくりをするのは、法律を所管する省庁である。運輸関係の法律案であれば道路交通省（旧運輸省）、農業関係であれば、農林水産省の所管の部課の行政担当者により、法律案が準備される。その際、政党や、利害関係者の意見を反映するようにするほか、法制度全体との調整のために内閣法制局の審査を受ける。内閣法制局による法案審査は、きわめて綿密に一条一条についてなされる。そうした過程を経て閣議の決定を得たうえ、国会に提案される。

国会審議

国会では、まず関連する委員会に付託され、委員会における審議、与野党間の調整を経て、修正箇所があれば、これを修正したうえ、委員会で可決されれば本会議に上程される。そこで可決されたあと、衆議院先議であれば参議院へ、参議院先議であれば衆議院へ送られ、委員会審議のあと本会議により可決されてはじめて法案が成立する。成立しない間に国会が閉会になると廃案になるが、継続審議という処理がなされることもある。法案が成立すれば、公布され、施行期日が定められ、法律となる。施行日までに、法律をより具体化する政令ないし省令が準備され、これも公布される。

議員立法の場合には、法律案は特定の問題に関心をもつ議員により準備される。国会には、議員の立法作業のための衆議院法制局と参議院法制局があるほか、国会図書館に調査立法考査局がある。議員立法は多くはないが、たとえば消費者保護基本法（昭和四三年）や、いわゆるサラ金規制法（貸金業規制法その他の法律から成る——昭和五八年）は、議員立法である。

最近の議員立法の例

臓器の移植に関する法律（平成九年）
ストーカー行為の規制などに関する法律（平成一二年）
特定非営利活動促進法（平成一〇年）
自殺対策基本法（平成一八年）
日本国憲法の改正手続に関する法律（平成一九年）
ダイオキシン類特別措置法（平成一一年）

4 行政府による法

行政府が法をつくるというのは、三権分立からいえばおかしいが、実際には法をつくっている。行政府による法は、国会により法律がつくられたあとからはじまる。法律はいったん成立すると改正することは事実上難しいため、細目にわたることは命令にまかせることが多い。たとえば、法律が適用される具体的な範囲については、法律で細かい規定をもうけないで、「政令で定める」範囲という規定をおくのである。こうしておけば、適用範囲を拡大する場合も、国会の審議を経ることなく、迅速に対応できる。ただ、法律の適用される範囲を広くするか限定的にするかは、法律そのものを生かすか否かにかかわる問題であり、そうしたことを政令で定めるのがよいかどうかという問題もあるが（⇩12）、法律の精神（趣旨）を生かすという方向で、政令をつくることになる。

政令レベルのほかに、法律、政令で定められたことの具体化が必要とされることがある。たとえば、課税にあたっての所得認定について、何が必要経費として認められるかとか、企業の交際費がどこまで必要経費として認められるかについては、文字通り具体的事例について、必要経費と認められるか否かの判断を示す必要があり、それを通達というかたちで、税務署に流して、認定についての統一をはかるといったかたちがとられている。これも広い意味でのルールづくり（法形成）といえる。こうした行政府による通達は、必要に応じて変更されることがあるが、この変更は、法改正と同じような意味をもつ。

通達の拘束力

こうした行政府による法形成は、終局的な意味をもつものではない。なぜならば、行政府の通達は、行政機関を拘束するが、裁判所を拘束するものではない。つまり、通達は、法律の解釈の仕方の一つであり、裁判所は、法律の解釈については、自由になしうるから、行政庁の解釈に拘束されないのである。もっとも、行政庁の解釈は事実上、裁判所によって尊重されることが多いであろうが、必ずしも拘束されるわけではない。

このように、行政庁による法形成は、法律の具体化という意味で重要なものであるが、法律の範囲内に限られるという点に特色がある。つまり、政令、省令にしても、通達にしても、法律を根拠にしてのみなしうることであり、法律のない領域とか、法律に定めのない事項について、新たなルールをつくることは認められていない。その意味では、憲法に違反しない限りいかなる内容の法律もつくることのできる国会とは異なる。

5 裁判所による法形成

裁判によって、法が明確化していくことについては、**3**でふれたが、法をつくることについて考える場合、裁判所を無視することはできない。裁判所は、法律を適用するところであって、法をつくるところではないといわれることもあるが、現実には法を適用することによって、法をつくっているのである。つまり、法律は一般にかなり抽象的なことばで書かれているため、ある事態、状況、事実関係に適用されるか否かが必ずしも明確ではない。裁判所は具体的事例に、ある法律を適用するか否かを考え、また法律に適用すべき規定がない場合に、判断の基準を他に求めて、事件を解決する。解決にあたって裁判所が示す考え方は、先例として、あたかも新たな法がつくられたかのように機能していくのである。

裁判は、必ず具体的事例についてなされるため、具体的事例についての判断が、一般的な妥当性をもつかという問題がある。たしかに、扱っている事例について、妥当な判断を下すことが、裁判所の最重要の任務であり、当該事例についての妥当性にとらわれるあまり相当例外的な扱いをすることもなくはない。しかし、例外的な扱いをすること自体が先例的意味をもつこともある。そのため裁判所は、具体的事例を扱う場合にも、他の事例にも適用されうる一般的なルールの定立を考えている。つまり、裁判所は、裁判が先例となりうることを十分に意識しているといってよい。

裁判所によるルールの特質

次に、裁判所により法がつくられるという場合、立法府や行政府による法形成ともっとも大きく違うのは、裁判所による場合、扱われている事例との関係で、ルールのもつ意味を理解しなければならないということである。裁判の理由としてのべられたところからどのようにルールを導き出すかについては、判例法主義をとる英米では、きわめて発達した技法になっているが、わが国の場合も、同じ操作が必要である。

たとえば、孫の交通事故死について、祖母に慰謝料請求権ありとする判決が出された場合に、いかなる意味をもつものと考えるかである。民法七一一条によると人の生命が侵害された場合、被害者の父母、配偶者および子に対して慰謝料請求権を認めているが、この条文にもかかわらず祖母に認めたことの意味をどう考えるのかである。

このような事件については、例外的に祖母に認めたにすぎないと考えるのか、それとも祖父にも認めたものと考えるのか、また、祖母の死について孫にも認めるものか、さらには兄や妹はどうかも問題になってくる。

判決では、そうしたことは明確ではないが、裁判上のルールは一般にあまり拡張して考えるべきではないとされている。

【参考文献】

＊大久保泰甫『ボアソナード――日本近代法の父』（岩波新書、一九七七）

民法制定にあたり日本に招請され、献身的な貢献をしたフランスの法律家についての興味深い研究書。

新井勉＝蕪山嚴＝小柳春一郎『ブリッジブック近代日本司法制度史』（信山社、二〇一一）

日本の司法制度がどのように発展してきたかを資料にもとづき考える。

5　法の種類(1)――民事法と刑事法――

1　法の区別の種類

法には、実に種々さまざまなものがある。以下では、いくつかの分類方法にもとづいて、法の種類についてみておきたい。

まず、主として、法の違反に対する制裁との関係で、刑事法と民事法という区別を考える。刑罰を加えるための法であるのか、私人間の紛争についての解決基準であるかによる差異である。

次に、国または公共団体が関連するか否かに関して、公法と私法という区別を考える。一方当事者が、国・公共団体の場合には、法律関係は私人間の法律関係とは多少とも異なったものになる。

第三に、実体法と手続法という区別である。具体的な法律関係の内容――権利義務の内容、犯罪の成否、刑罰の程度――に関するものを実体法といい、こうした紛争についての手続を定めるものを手続法と呼ぶ。

最後に、法を生みかつ支えるものが、国家であるか国家以外の団体であるかにより、国家法と自治法の区別について考える。法といえば、一般に国家法を考えるが、社会においては、さまざまの自治法が機能している。

まずもっとも基本的な民事法と刑事法から考えていく。

交通事故と法

法には、私人間の関係を規律する民事法と、国家が国民に対し刑罰を加える根拠となる刑事法がある。たとえば、交通事故をおこした者の責任を考えてみよう。自動車を運転中の者がスピードを出しすぎて、急に路上に出てきた歩行者をはねてけがをさせた場合、運転者は運転をあやまって他人に傷害を与えたというので、国家は業務上過失傷害罪（刑二一一条）で起訴し、刑罰を加えるほかに、被害者は、加害者に対し、事故により受けた損害の賠償を請求する（民七〇九条、自動車損害賠償保障法三条）ことになる。このうち、国家が加害者に刑罰を加える根拠になるのが刑事法であり、加害者と被害者との間で、損害の賠償に関して問題になるのが民事法である。

同じ事故に対して、刑罰という刑事上の制裁（サンクション）と、損害賠償という民事上の制裁が課せられるのである。このことは、交通事故に限られない。たとえば、他人の物を盗んだり、横領した場合にも、窃盗罪（刑二三五条）、横領罪（刑二五二条）のほか、被害者に対する損害塡補《てんぽ》（賠償、返還）が問題になる。また、他人の名誉を毀損《きそん》した場合にも、名誉毀損罪（刑二三〇条）とともに、名誉を毀損された被害者への賠償（慰謝料）が問題になる。

なお、交通事故の場合、民事、刑事のほかに、運転免許の取消しとか停止といった行政処分も問題になるが、これについては、ここではふれない。また、犯罪の容疑ありとして起訴されたり有罪になると、資格登録を抹消されたり（弁護士法一七条、司法書士法六条の三）、失職ないし休職処分を受ける（国家公務員法七六条・七九条、地方公務員法二八条）という効果も生ずる。

2　民事責任と刑事責任の差異

一つの事故に対し、何故刑事と民事という二つの法的評価がなされるのか。これを理解するためには、民事法と刑事法の差異を考えなければならない。ここではより具体的に、民事責任と刑事責任についてみていこう。

(1)　目　的　　刑事責任と民事責任とでは、責任を問う目的が異なる。刑事責任は、違法な行為をした者の社会に対する責任を問うのに対し、民事責任は、被害者に対する責任を問題とする。刑事責任には、社会が違法な行為をした者に対し制裁を加え、これにより再び同じような行為がなされないようにする作用（特別予防）とともに、一般の人々に対しても、同じことをしないように警告する作用（一般予防）がある。これに対して民事責任は、もっぱら被害者に生じた損害の回復を実現することを目的とする。したがって、損害を生ぜしめた行為の非難可能性よりも、生じた結果の大小により、責任の大小（損害賠償の額）が定まる。

(2)　イニシアチブ　　両責任では責任を問う主体が異なる。すなわち民事責任にあっては、責任を問うか否かは専ら被害者にかかっており、加害者を宥恕《ゆうじょ》するとか、加害者に対する賠償請求がコストと時間のむだになると考えれば、責任を問わないことも自由である。

これに対して刑事責任の場合、国は、違法な行為に対しては刑事責任を問う義務があり、被害者の宥恕があれば訴追できない場合（親告罪たとえば名誉毀損罪）を除いては、勝手に責任追及をやめることはできない。もっとも、加害者の情状等により、起訴を猶予することもできる（刑訴二四八条）。しかし、民事におけるような、費用がかかりすぎるといった理由で、起訴を控えることはできない。

責任と当事者の話合いの余地

(3) 処分可能性　右のイニシアチブと関連するが、民事責任については、当事者間の話し合いで、責任の有無、大小について決定することができる。つまり民事の争いについては、当事者間に処分の自由（私的自治——処分権主義）が認められ、裁判所の判断を仰ぐか否かについて、当事者間で定めうる。こうした処分を認めても、当事者が承認していればかまわないとするのである。ところが、刑事責任については、起訴するか否かに若干の裁量の余地はあるが（刑訴二四八条、起訴便宜主義）、それ以外は、被害者からの嘆願があっても加害者からの陳謝があっても起訴を控えるわけにはいかず、すべて裁判所の判断を仰ぐべきものとされている。被告人は、有罪を認めて簡易な手続（略式手続）によることができるし、自己に不利益な事実を承認（自白）することもできるが、話し合いで、有罪か否か、刑の量定を定めることはできない。

(4) 故意と過失の区別　刑事においては、故意と過失を厳格に区別し、刑罰は原則として、故意がある場合に科し（刑三八条一項）、過失犯はとくに法律で定める場合（刑二〇九条以下）に処罰できるにすぎない。これに対して、民事の責任は結果を重視し、故意によるものか、過失によるものかにより区別をしないのが原則になっている。

(5)　法律の適用　責任の追及の場合に限らないが、民事法と刑事法では、法律の適用の仕方について顕著な差がある。すなわち、民事法規に関しては、法が欠けている場合、類推して法を適用することができるが、刑事法については、類推適用は許されない。これは罪刑法定主義からくるものであるが、法律が明確な規定をおかないのであれば、刑事責任を追及するわけにはいかない。もっとも法に規定がないといえるかどうか自体が不明確な場合がある。

ハイジャック防止法

法に規定がないため、きわめて迅速に立法がなされた例としては、ハイジャック防止法がある。一九七〇年三月ＪＡＬ国内線の飛行機が、乗り込んだ乗客によりハイジャックされ、北朝鮮に強制着陸させられた。この行為に対しては、監禁罪としての処罰しかできないため、生命に関わる航空機支配に対して、重い刑罰を科するハイジャック防止法が、事件の一カ月半後に制定された。これはハイジャックのようないくら危険な行為であっても、法律がない限り重く罰することはできないために、立法が急がれた。

往来危険妨害罪（刑一二五条）は、「汽車又は電車の往来の危険を生じさせ」ることとしているが、戦前ガソリン・カーの場合にどうなるかが争いになり、ガソリン・カーもこれにあたるとされたことがある（大審院昭和15・8・22判決刑集一九-一五-五四〇）。

3 民事責任と刑事責任の関係

民事責任と刑事責任は、右にみたように、目的も、イニシアチブも異なるため、両者は独立なものとされている。たとえば同じ交通事故についての刑事責任を問題とする裁判と、損害賠償を求める民事訴訟は、別の裁判所で審理されるばかりでなく、ときには刑事上無罪であるが、民事上の責任はあるとされたり、逆に刑事上有罪とされたが、民事上の責任は認められないこともありうる。もちろん大部分の場合、刑事上の責任も、民事上の責任も認められることが多いが、ときには、そのようなくい違いも出てくる。こうしたことは、前述のごとく、両者の責任の性質が異なる以上やむをえないともいえる。法律の専門家にとっては、そうした説明で十分通用するが、一般の人々（とくに被害者）にとっては必ずしも納得のいくことではないようである。

附帯私訴　戦前、わが国には附帯私訴という制度があり、刑事責任を問う訴追に私訴（民事上の訴）を付け加えることができたが、これは民事と刑事の密接な関連性（証拠の共通、当事者が同じ）を考えれば合理性がある。現在では、民事と刑事はきびしく峻別され、裁判所が民事部、刑事部に分かれているばかりでなく、裁判官も民事専門、刑事専門と分化され、弁護士にも及んでいる。法律学者についても、民刑の分化は徹底しており、民事法と刑事法の双方を研究、教育している人はほとんどないといってよい。

平成一二〔二〇〇〇〕年、「犯罪被害者等の権利利益の保護を図るための刑事手続に付随する措置に関する法律」により被害者は、刑事手続きにおいて損害賠償を請求できることになった。ただ刑事判決後の手続きであり刑事と同時に審理された、戦前の付帯私訴とは異なる。

「これらの者の受けた身体的、財産的被害その他の被害の回復には困難を伴う場合があることにかんがみ、刑事手続に付随するものとして、被害者及びその遺族の心情を尊重し、かつその被害の回復に資するための措置を定め、並びにこれらの者による損害賠償請求に係る紛争を簡易かつ迅速に解決することに資するための裁判手続の特例を定め、もってその権利利益の保護を図ることを目的とする」ものである。

さらに、被害者が民事上の紛争について救済を得にくい場合、警察に相談にいくと、警察は民事不介入ということで、被害者の訴えをとり上げないのも、こうした厳格な区別にもとづいている。おそらくは、民事への介入により、一方当事者に味方をした、警察が片寄っていると考えられないようにするためであると思われる。

4 民事責任と刑事責任の統合

民事責任と刑事責任は、かなりきびしく峻別されているが、まったく無関係ではない。たとえば、交通事故について刑事責任ありとする判断は、民事の責任を認めるのに有利に働くといえるし、逆に、民事上、被害者に十分な賠償をしたことは、刑事責任の判断にあたって斟酌されるべき事情とされ、さらに加害者と被害者との示談の成立を待つために、裁判所が刑事裁判の手続を延期すること（示談待ち）さえ行われている。

また、加害者に対する刑事責任の追及がなされない場合、一定の犯罪について付審判請求という手続きをとることができる（刑訴二六二条以下）。さらに被害者は、民事責任を追及することにより、加害者に対する制裁を加えようとすることもある。つまり、本来は被害者への賠償を目的とする民事責任が、加害者に対する制裁として用いられるのである。

懲罰的損害賠償

この点で注目されるのが、アメリカ合衆国において行われている懲罰的（制裁的）損害賠償という制度である。

これは、損害を受けた被害者が損害の賠償のほかに、加害者がきわめて非難されるようなかたちで損害を加えたことに対する制裁ないし懲罰として、実損害額の何倍、ときには何十倍にもあたる賠償を請求できるとする制度である。イギリス法から受けついだ歴史的なものであるが、名誉毀損とか、欠陥商品による損害賠償（製造物責任）について、裁判所によって相当高額の懲罰的損害賠償が認められている。これは、損害賠償という民事上の請求に、懲罰という刑事的なものを重ねあわせたものとして注目される。ただ、何ゆえ被害者が罰金にあたる懲罰的な賠償を手にすることができるのかとか、刑事責任が別に問われる場合に、二重の処罰（憲三九条参照）にあたるのではないか、実損害とはかけはなれた多額の賠償を、多くの場合、陪審が認めることは不合理ではないかといった批判もあり、懲罰的損害賠償を禁止している州もあるが、アメリカ的な制度として、きわめて強く根づいているものとされている。

このことからもわかるように、英米法では伝統的に、わが国ほど民事と刑事のきびしい区別をしていない。裁判官にも、民事と刑事という分化はないし、法律学者にも、民事法と刑事法の双方を研究、教育している人が少なくない。

このように考えてくると、民事法と刑事法との差異を前提としたうえで、両者をもう少し有機的に統合していくことはできないかと考えられる。

民事責任と刑事責任の統合

第一は、違反に対して、刑事的制裁がなされない場合に、被害を受けた者から、損害額の二倍とか、三倍の賠償を認めることにより、違反者への制裁を加えるとともに、被害者の違反追及が費用倒れにならないようにすべきであるとする提案である。二倍賠償、三倍賠償というのは、やはりアメリカ合衆国で、家賃統制などに用いられているが、わが国にもこうしたものを導入して、法の実現に、私人も一定の役割を果たしうるようにすべきだとするものである。

第二に、多数の人々に対し、大きな被害を与えた企業に対し、単なる賠償にとどまらぬ制裁（懲罰的損害賠償）を加えるべきだとする主張である。これは、とりわけ公害とか薬害とかいった大規模損害で、企業側が、被害発生を十分に予見できたという状況のあった場合に被害者側から主張されるものである。

第三は、交通事故のように、大量に発生し、しかも定型的処理になじむものについては、民事と刑事とを統合的に処理することが考えられないかという提案である。実際には、賠償請求について、刑事とは別に証拠を集めなければならないが、事故直後に、公権的に収集される証拠を民事にも利用できないかというかたちで問題となる。

このように、あまりにはっきり民事と刑事を分離する考え方は、不都合をもたらしていることを前提として、両者を統合することにより効率的に法の目的とするところ——たとえば事故抑止——をはかろうとするものである。

しかし、民事と刑事の分離は、歴史的な沿革を背景とするものであるだけに、統合はそれほど簡単ではないとされている。たしかに、法の素人が、民事と刑事は別ですといわれても、納得がいかないという気持ちに、根拠がないわけではないし、これまでにみたような問題はあるが、両者の統合ないし有機的関連はそれほど容易ではないであろう。しかし、このような視点からの検討はなされてもよいであろう。

【参考文献】

佐伯仁志＝道垣内弘人『刑法と民法の対話』（有斐閣、二〇〇一）
タイトルどおり、刑法と民法が交錯する領域について、具体的な事象ごとに対話形式で書かれている。
田中英夫＝竹内昭夫『法の実現における日本人の役割』（東京大学出版会、一九八七）

6　法の種類(2)――公法と私法――

1　公法と私法

法の第二の分類方法として、公法と私法がある。法律関係のうち、国家や公共団体と国民との関係を規律する法と、国民（私人）相互間の法律を規律する法とは、種々の点で異なる。前者は公法、後者は私法と呼ばれている。国家と国民の関係は、命令・服従の関係で、法律関係というより命令と服従の権力関係であると考えることもできる。実際に戦前はそういう考え方が強かった。しかし、法律に基づく民主主義国家においては、国家と国民の関係をも一つの法律関係としている。国家が国民をコントロールする面とともに、国民が国家（権力）をコントロールする面が重要である。

私法というのは、民法とか商法をいい、刑事法との関係では民事法という呼び方もされる（⇩**5**）。厳密にいうと私法と民事法は同じではない。たとえば民事訴訟法は民事法であるが、普通は公法に分類される。公法の代表は、憲法、行政法（ただし行政法という名前の法律はなく、行政組織、行政作用、行政救済に関する法をいう（⇩**19**））であるが、刑事法も公法である。ただ、あらゆる法律が、私法か公法かに分類されるわけではなく、両者の中間的な形態の法（たとえば労働法、経済法、社会法など）がある。

2 公法と私法の区別の意義

公法と私法という分け方は、戦前の日本においてはきわめて重要な意味があった。明治憲法（明治二二年）の下においては、通常の（司法）裁判所のほかに行政裁判所がおかれ、国民が国を相手として訴え出る場合には、必ず行政裁判所へ提起しなければならないとされていた。つまり国と国民との関係については、別の法秩序（公法秩序）が存在していたといってもよい。行政裁判所では、公法関係が扱われ、公法が適用されたのである。もっとも、国と国民との関係についても、国という私人と国民との関係ということで、同じ扱いをする考え方も部分的にはとられていた。しかし、行政裁判所が存在する以上、何が公法関係かを区別することが必要であった。

戦後、新憲法の下で、行政裁判所は廃止され、国と国民の関係を特別扱いする考え方はとられなくなった。それでも、国と国民の関係は、国民相互間の関係とは多少とも異なるので、公法と私法という区別の必要があるとされている。

これまで主体を国としてきたが、国に限らず、都道府県、市町村といった地方公共団体や、公社、公団（整理合理化計画により二〇〇五年に姿を消した）、公庫といった公法人さらに独立行政法人と国民との関係についても、多少とも私人間とは異なった法による規律がなされている。

3 公法と私法の差異

それでは、公法と私法にはどのような差異が認められるかについて、やや図式的ではあるが、両者を対比しつつ考えていこう。

(1) まず法律関係の形成について、私法関係では、当事者自治の原則が妥当するとされており、自由に形成できる。たとえば契約をする場合にも相手方、契約内容、契約の形式すべてにおいて好むままに法律関係を形成できる。ところが公法関係にあっては、きわめて厳格な法的制約があり、法律関係は、そうした法律にもとづいてのみ形成されるものとされている。

(2) 次に、公法関係では、公的利益の実現が目的として追及されるのに対し、私法関係では、私的な利益が目的とされる。公的利益というのは、公共の福祉とか公益といわれ、私人の利己的な利益と区別される。

(3) 当事者の関係についてみた場合、公法関係においては、国または公共団体は、国民に対して多少とも優越的立場に立つのに対し、私人間の私法関係にあっては、両者は原則として対等であり、一方が当然に優越的な立場に立つわけではない。国または公共団体の優越的地位は、法的に制約され、公益実現ということと結びついている。

(4) 公法関係にあっては、国または公共団体の法的行為は適法なものと推定され（適法性の推定）、裁判によってくつがえされないかぎり、公定力があるとされる。したがって、裁判所の手を借りないでも、法的行為を実現することができる。これに対して私法関係にあっては、法的権利を実現するためには、債務名義（民事執行法二二条）を取得し、裁判所による強制執行の手続きをとることが必要とされる。つまり私人は自らの手で権利を実現すること（自力救済）はできないのである。

(5) 公法関係から生じた権利については、原則として他人に譲渡することができない点で、原則として譲渡可能な私法上の権利（民四六六条）と対比される。

(6) 公法上の権利義務については放棄、免除することが認められない点で、放棄、免除の可能な私法上の権利（民五一九条）と対比される。

譲渡性についても、免除についても、公法上の権利は公益を目的とし、法的根拠にもとづいて発生していることからくる制約である。

4 公法と私法の区別の基準

法は、このように対比される公法と私法になぜ分けられるのか。この分類法は、近代法の基礎となっているローマ法以来のもので、ドイツやフランスにおいてもとられている。とりわけドイツでは、国家というものがきわめて強い地位をしめている（国家主義――個人より前に国家がある）ことから、国家と国民の関係を私人間の関係とは別個に扱う伝統が強い。わが国の公法と私法の考え方もドイツの影響を強く受けている。

これに対して、アングロサクソン系の法制度（イギリス・アメリカ）においては、公法と私法という分類はなかったとされる。これは、国家についての考え方が、個人あっての国家ともいうべきものであることからくるといってよい。もっとも最近では、英米法においても、公法と私法とを区別する考え方がとられるようになってきている。

法主体による区別

ドイツでは、公法と私法をどのように区別するかについて、学説上きわめてはげしい議論がなされ、区別の基準が二〇とか、二七とかいったこともいわれる。区別の基準については、法律関係の扱う利益が、公益であるか、私益であるかにより分ける考え方（利益説）、法律関係の主体が、国または公共団体であるか私人であるかにより分ける考え方（主体説）、法律関係において一方が優越的立場に立つか、双方が対等の立場に立つかにより分ける考え方（法律関係説）などがある。ここでは、一方の主体が国または公共団体である場合を公法関係と呼んできたが、主体説によることが、区別の意義を明確にするものといえるであろう。

ただ、国または公共団体が一方の主体であれば、すべて前述のような公法関係の特色があるというわけではなく、国または公共団体が、私人とまったく変わらない活動をする場合には、たまたま主体が国または公共団体であるからといって、私人間と異なった法律関係とする必要はない。近時、国や公共団体の活動がますます拡がってきていて、住宅（公営住宅）供給、（公営）交通事業、土地分譲、融資などに及んでいる。こうした私人も行っている事項を国または公共団体がする場合には、原則として私人間の関係と同じ法律関係とすべきであるとされている。

また、国または公共団体が、公務員や営造物を通じて国民に損害を加えた場合、被害者たる国民は加害者たる国または公共団体に対し、私人に対すると同様に損害賠償を請求できるが（民七〇九条）、こうした場合、国家賠償法という法律があって、原則として、この法律による。ただ他人への損害という場合に、私人による損害と、国または公共団体による損害を別に考える必要があるのかという問題もある。別に考える必要がなければ、国家賠償法をとくに必要としないことになる。しかし、わが国は、戦前、国家であるがゆえに免責されるとされたことに対する反省から、憲法一七条に公務員の不法行為についての国家の責任に関する規定がもうけられ、これを受けて国家賠償法（昭和二二年制定）がつくられた。現在では、私人の場合には問題にならないような規制活動による損害についての、国や公共団体の責任が問題になっている。（⇩19）

5　国または公共団体の特別扱い

公法と私法という対比により、両者を分けられるとした場合、問題は、国または公共団体と国民の法律関係において、私人間の法律関係と異なった扱いをすべきかということである。たとえば、公営住宅の利用関係と民間の借家の利用関係は、同じであるべきかである。これは、二つのレベルで考えられる。第一は、公営住宅は、低所得者への住宅提供という目的から、民間の借家と異なった法律をつくることが許されるかという立法レベルの問題であり、第二は、そうした法律がない場合にも、公営住宅については、民間住宅と異なった法律関係と考えることができるかという解釈レベルの問題である。国または公共団体の法律関係について、私人間の関係と異なる法律が存在すれば、それが国または公共団体に余程有利なものでないかぎり、不当ということはできないであろう。問題は、法律の規定がない場合に、国または公共団体に有利な扱いをすることが許されるかである。かつて、公営住宅の居住者が滞納した家賃を、税金と同じ滞納処分という手続きによってとることができるかという問題が争いになり、公営住宅の家賃である以上、裁判所の手を借りないでも、税金と同じく滞納処分でとることができるという考え方に対し、法律に根拠がない以上、滞納処分によることはできないと批判された。

公法私法の区別の不明確化

これまで、国または公共団体と私人を対比して考えてきたが、今日では、この中間に半公的な団体が多数登場し、公と私の区別が不明確になってきている。公団（すべて改組されてなくなった）とか公社、独立行政法人または第三セクターとか、さらに公社の民営化といったこともこの動きの一つといえる。そうなると、従来のような公法と私法の区別はそのまま通用しないことになる。

　これと関連して、公法の私法化とか、私法の公法化ということがいわれる。公法の私法化というのは、公法を私法と対照的に考えるのではなく、公法関係に私法の考え方を及ぼしていくというものである。私法の公法化というのは、私法関係について、当事者の自由な法形成に任せず、私法関係にも国または公共団体が関与し修正していくとするものである。たとえば、農地については、財産として自由な取引が許されるとされていたが、農地改革によって確立した自作農主義を維持するため、財産としての自由な取引を禁止し、農地に関する権利関係の設定、移転には、知事または農業委員会の許可を要する（農地法）というかたちで、私法関係を公法的なものとしていく傾向をいう。

　こうした近時の傾向を考えると公法か私法かというかたちで明確に分けることは実際的ではない。結局、国または公共団体を、私人とどのような点でちがった扱いをすることが許されるかという問題であるといってよい。

法適用の結果

　この問題を考える際に注意すべきは、国と公共団体の法律関係に、私法を適用すべきか（私人間と同じに考えるか）というのは、適用した結果がどうなるのかと深く関係していることである。たとえば、国税を滞納した者に対する滞納処分として、その者の登記名義の不動産を差押え、これを公売に付したところ、登記名義とは違う人が真実の所有者であることがわかったという場合、真実の権利者は、公売処分は誤っていたから無効であるといえるかという争いについてみてみよう（最高裁昭和31・4・24判決民集一〇‐四‐四一七の事例）。私人間の関係であれば、権利者は登記を自己名義にしておかないかぎり、第三者に対して自分が権利者であると主張することができないとする原則（民一七七条）があり、これによるかぎり、他人の名義のまま放置しておいた者は救済されないことになる。同じことが国のなす滞納処分についてもいえるかである。国は、単に登記だけでなく誰が真実の権利者であるかを調べるべきだとするべきか、国も私人と同じく登記をもとにして公売処分をすすめてよいのかである。つまり、民法一七七条という私法の原則を公法関係にも適用するか否かにより、登記を基礎にしてなされた公売処分が有効か無効かが定まることになるのである。公売処分という多数の者が関係する行為をなるべく事後的にくつがえすべきではないとすれば、登記によって進められた処分は有効とすべきということになるが、公売処分はあくまで真実の権利者に対してなすべきだということになれば、公売処分を無効にすべきだということになる。

このように、国または公共団体の法律関係を私人と同じに扱うか否かは、きわめて重大な差異をもたらす。

6 まとめ

国・公共団体の特別扱い

以上みてきたように、公法と私法という問題は両者を対比し差異を検討するというよりも、実際の問題について適用すべき法は公法か私法かという問題である。このようにいえるとすれば、公法と私法というのは、私法の原則を、国または公共団体の法律関係について、どこまで修正すべきかという問題であると考えることができる。つまり、国または公共団体が法律関係の当事者である場合、どこまで国または公共団体を特別扱いすることが許されるかという問題である。それは一般法である私法を、国または公共団体の場合どこまで修正すべきかである。こうした特別扱いは、通常国または公共団体を私人より優位に扱うということが多いが、国または公共団体だから私人より不利に扱ってもよいとする考え方もある（たとえば国または公共団体が加害者の場合私人が加害者の場合より重い責任を課する）。

【参考文献】

田中二郎『公法と私法』（有斐閣、一九五五）
行政法学者でのちに最高裁判事になった権威者による古典的な論文集。
塩野宏『公法と私法』（有斐閣、一九八九）
次世代の行政法学の権威による新しい問題を踏まえた論文集。
拙稿「公法と私法」著作集第一巻所収（信山社、二〇一〇）

7 法の種類(3)
——実体法と手続法——

1 手続きに関する法

第三の法の分類として、実体法と手続法がある。実体法というのは、あまりなじみがないことばであるが、何々をすればこれこれの刑罰とか、かくかくの契約は無効であるといったように、法律関係そのものを規律する法をいう。これに対して、手続法は、こうした法律関係を規律する手続き(とりわけ訴訟)について規定する法をいう。

社会生活に関する規律は、AならばBという権利義務関係だけで足りるともいえる。しかし、そうしたことを裁判で争う場合には、いかなる手順と方法で争うかが定められていなければならない。こうした手続きについての定めを、民事に関しては民事訴訟法(明治二三年法を全面改正した平成一〇年法)、刑事に関しては刑事訴訟法(昭和二三年)が定めている。このほかに行政に関しても、行政事件訴訟法(昭和三七年)といった特別の手続きを定める法律がある。

以下では、手続きのもつ意味、手続法の内容について考えていこう。

2　法における形式

手続きは、スポーツとかトランプのようなゲームのルールにたとえられる。法的な争いがある場合、どんなかたちで争うのか、争いにどのように決着をつけるかについての定めが必要とされる。ルールなしでは、あるいはルールを無視してスポーツが成り立たないのに対比できるであろう。いくら、賃借人にはかくかくの権利があるとされていても、それを終局的に実現する方法が具備されていなければ、権利とはいえない。

ローマ法では、実体的な権利は、アクチオとよばれる一定の訴訟形式と結びついて考えられていたし、イギリス法も、訴訟形式というものが備わっているものにだけ救済が与えられた。つまり、実体と形式は不可分のものとされていた。ところが、ドイツでは、権利の存否と、手続きとが別個に考えられるようになり、実体法と手続法の分化が徹底した。わが国の法律においても、実体法と、手続法は分けて考えられるようになった。とはいっても、裁判においては、実体法と手続法が関連して問題になることがあるので、あまり厳密に分けて考えることは現実に即さない。また法律も、実体法か手続法かに分けられるものではなく、一つの法律中に実体法規と手続法規が含まれていることはむしろ普通である。

手続法と儀式

手続法というのは、訴訟のやり方を定めるものである。こうした形式にこだわることは、法にとっては余計のことのように思われるが、実際には意外なほど多く、儀式的な要素が見いだされる。たとえば、裁判官は黒い法服をまとい（イギリスでは現在でも法廷では裁判官も法廷弁護士もウイグというかつらをかぶる）、定められた席に座り、開廷の宣告のもとに開始される。こうした儀式的な要素に注目して、オランダの文化史家ホイジンガ（一八七二―一九四五）は名著『ホモ・ルーデンス』（遊ぶ人間）の中で法と遊びの関係を扱っている。遊びというと不真面目さを連想させるが、そうではなく、裁判のような死活的な利害に関連するものにおいてすら、競技的な要素がみられることを興味深く説いている。裁判を勝った、負けたというのはまさにその好例であるが、正義というのが、賭け事のように偶然的に定まる点でも興味深い。訴訟を筋書きのないドラマと見たり、裁判所を劇場にたとえることは、法の理解にとって大いに助けになる。アメリカでは、訴訟というのは、裁判官または陪審というアンパイアの前で展開される当事者間のたたかいだという考え方が強い。

裁判が公開されなければならない（憲八二条・三七条）というのは、秘密裁判を禁止し、民主主義的なコントロール下におこうとする考え方に立つものであるが、それと並んで見世物的な意味もある。公開の原則は、傍聴と報道というかたちで保障されるが、報道に関しては、日本ではテレビやラジオによる中継、録音を許すところまではいっていない。

ただ公開されることにより、訴訟の当事者は、公衆の眼にさらされることになるが、とくに刑事裁判においてはそれによる不利益が関係者に及ばないように人権保障的措置がとられている。

3　手続法は何を定めるか

次に手続法は何を定めるものかについて見ていこう。とりわけ刑事においては手続きが重い意味をもっているので、後でその特色を考えたい。

裁判管轄

(1)　裁判管轄　手続の第一は、どの裁判所が裁判するかという管轄の問題である。ある事件をどの裁判所にもっていくかは、借家明渡事件や損害賠償事件にとってあまり関係のないことのように思われるが、裁判所へ何度も足を運ぶことを考えると近い裁判所がよい、そこで当該事件の当事者の住所や事件のおきた場所との関係で、管轄裁判所を定めるルールがある。もし管轄違いの裁判所に事件をもっていくと、事件がいくら内容的に理由があっても、その審理に入らずに却下される。

こうした場所的な管轄（土地管轄）のほかに、事物管轄といって、訴訟の目的物によって管轄が伝められている。民事訴訟では、訴額が一四〇万円を超えれば地方裁判所、超えなければ簡易裁判所、刑事訴訟では、罰金以下の刑に当たる罪については簡易裁判所、それ以外は地方裁判所が、第一審の裁判権を有する（裁判所法三三条・一六条）。また、家族関係の事件については、原則として家庭裁判所への調停申立から始めなければならないとされている（家事事件手続法二五七条、調停前置主義）。

裁判所だけでなく、誰が裁判官になるかについても、資格のない裁判官を排除（除斥、忌避）するかたちで規定されている（民訴二三五条以下、刑訴二〇条以下）。

(2)　書面主義　次に訴訟を提起するためには、口頭ではなく書面によらなければならない。すなわち民事訴訟では訴状（民訴一三三条）を、刑事訴訟では起訴状（刑訴二七一条）を裁判所に提出するほか、書面が必要とされている場合が多い。証言は、性質上書面では意味をなさないが、それ以外の法律論は、口頭弁論が原則とされている。実際上は書面でなされることが多い。

(3)　時間的制約　訴訟には、種々の時間的制約がある。とくに刑事訴訟では、不当な人身拘束をしないため、時間を区切った規定が多い（刑訴五九条・六〇条二項・二〇五条・二〇八条）。民事でも、控訴期間（民訴二八五条）とか支配督促への異議（民訴三八七条）のように、法律的主張をなすべき期間に制約をもうけている。とはいっても、訴訟そのものには時間的制約はなく、かつて複雑な事件は一〇年近く続くこともあった。

弁論主義
証　拠

(4)　弁論主義、当事者主義　訴訟の進行は、裁判所の指揮の下に行われるが、訴訟の内容そのものについては、当事者にまかされている。いかなる法的主張をするか、いかなる証拠を提出するか等について、当事者のイニシアチブにまかされている。裁判所は、当事者が主張しないことについて審理することができないとされ（民訴二四六条）、当事者間でたたかわされる法律的主張の当否のアンパイアであるにとどまる。これを弁論主義または当事者主義と呼ぶ。

(5) 証　拠

裁判は、通常過去の事実についての法的判断であることが多いが、そうなるとそうした事実をどのように認定するかという問題がある。事実の存否は、記憶によることが多いが、記憶は人によって異なり、明確にならないことが多い。そこで裁判所は、証拠とくに物証を基礎にして、事実の認定をしていくことになる。この証拠は、当事者が提出する責任を負い、通常は、当該証拠により有利になる側が提出することになるが、裁判所は、いずれの側から提出された証拠でも自由に使うことができる（証拠共通の原則）。このほか、例外的に裁判所が、中立てにもとづいて証拠の提出を命じたり職権で証拠調べをすることもできるとされている（民訴二四七条・一四条）。

4 刑事手続

このように、訴訟には、ゲームのルールともいうべき規律があるが、刑事訴訟については、罪を犯したとされる者（被告人）の権利を保護するための特殊な規律がある。刑罰は、国家が、被告人に対して加えるものであるが、刑罰を加えるためには、きわめて詳細な手続きが定められている。まず、犯罪の疑いがある場合には捜査を開始し、犯罪をしたと思われる者に逮捕の必要があるとされる場合には、裁判所に逮捕状（刑訴一九九条）を請求して、逮捕し、勾留の必要があれば、勾留請求（刑訴二〇四条）をして取調べをし、有罪とするに足りる証拠があれば起訴し、公判廷で犯罪の立証をし、求刑をする。判決が下されたあと不服であれば上訴し、有罪判決が確定すれば、刑が執行されるという、煩雑ともいえる手続きをふんでいく。これらの手続的な保障は、刑事訴訟法が定めているが、憲法も三一条以下に人権保障的規定をおいている。このことは、刑事手続におけるデュープロセス（適法手続）といわれる。この考え方の根本は、「無罪の推定」とか「疑わしきは被告人の有利に」と表現される。つまり、被告人が確定的に罪をおかしたことが証明されないかぎり、刑罰は科せられないということである。このために、拷問とか盗聴といった違法な手段で収集された証拠を、裁判の資料として使うことはできないという原則もある。これは、戦前においては、拷問による自白の強要とか、予防検束というかたちでの人権侵害が行われてきたことに対する反省からきたものである。

裁判員裁判

二一世紀に入って、司法改革の一環として、平成二一年から、市民が刑事裁判に参加する　裁判員制度が発足した（裁判員の参加する刑事裁判に関する法律（平成一六年）、刑訴三一六条の二以下）。戦前、陪審法（昭和三年）が制定されて陪審裁判が行われたこともあったが、すぐに休眠状態になっていた（昭和一八年停止法）。しかし裁判にも市民の声を反映させるべきであるという批判に応えて周到な準備（裁判法廷の改造）と制度設計（無作為抽出による裁判員の選出方法）のもとに始まった。当初は国民の協力が得られないのではないかとか、裁判官以外の者（素人）が裁判をするのは、憲法に反するのではないかという批判もあったが、国民の参加を得て、ほぼ順調に行われている。裁判員裁判は事件が重大事件に限定され、また裁判は裁判官三名、裁判員として選ばれたもの六名からなり、意見が分かれた場合の決定法も法律で定められた。最高裁判所大法廷は平成23・11・16判決で裁判員制度を合憲であるとした（刑集六五‐八‐一二八五）。

さらに刑が執行される場合も、刑の執行方法についての定めがある（刑一一条以下）。執行という点では、民事の場合も同様で、いくら裁判で勝っても自ら判決を実現することは認められず（自力救済の禁止）、民事執行法にもとづき執行官に依頼して、家屋明渡、物の引渡しを実現してもらうことになっている。

5 行政手続

国または公共団体が、土地を収用したり、ある事業を開始する場合にも、手続法が重要な意味をもっている。国や公共団体は、無茶な事はしないから、手続的な制約を加える必要はないという考え方もありうるが、法律上は国や公共団体の権力行使についても、厳格な手続きに従うべきものとされている。

国や公共団体は、その活動をするにあたり厳格な法的根拠を必要とすることは、前章でふれたが、手続順守はまさにその一つといえる。たとえば、国がある事業をするにあたっては、関係者の意見を聴取し、異議申立てを受け、計画を公告し、計画について必要があれば修正したうえで、決定をするというかたちをとる。これは、権力的活動を国民に対して公開するという要請からくるものであるが、そうした決定によって影響を受ける者の利益を保護しようとするものである。その点で、刑事訴訟と対比される。そのため行政法は、行政手続法につきるとさえいいうる。行政庁のなした決定に対する不服については、不服審査のための法律（行政不服審査法）があるほか、訴訟で争う場合の法律（行政事件訴訟法）がある。また、国税に関する不服に関して、国税不服審判所が設けられている。

6 手続きの簡略化

手続きを重視することに対しては、形式主義であるとか、本末転倒といった批判が加えられることがある。しかし、手続重視には、刑事訴訟におけるような人権保障の意味があり、行政手続についても権力の民主的統制という意味があるわけであるから、形式主義という批判は的を射たものとはいえない。

ただ、手続きにこだわることが障害になる場合もないとはいえない。そうした場合には、手続きの簡略化がなされる。とりわけ、民事紛争については、調停、和解、あっせん、仲裁といった訴訟より簡便な手続きの選択が可能である（民事調停法、家事事件手続法）。わが国では、手続きのやかましい訴訟を嫌い、インフォーマル（非公式）な調停や和解が、多く利用されてきた。インフォーマルな手続きでは、多くは当事者の意向が優先し、時間とか書面による制約は少ない。そのかわり、原則として当事者の合意が基礎とされるため、当事者の主張が真向から対立し、妥協の余地のないような事件には使えないという欠点がある。

労働審判法

個別的労働関係に関する民事紛争について平成一八年から裁判官一名と労働関係に関する専門的知識経験を有する者二名が、事件を処理し調停による解決の見込みがある場合に、これを試み、解決にいたらない場合　解決案（労働審判）を定める手続きにより、紛争の実情に即した迅速（三回以内）、適正かつ実効的な解決を図ることを目的とする制度ができた。

ADR手続

こうしたインフォーマルな紛争解決の方法については、厳格な法律主義を伝統とする欧米諸国でも、ADR（代替的紛争解決）として近時評価する動きがある。それは手続きにのっとって、とことんまで対立して争うよりも、種々のメリットがあるとされるのである。こうした動きは、手続きというものの持つ意味を考え直すカギともいえるであろう。

手続の簡略化といっても、刑事手続や行政手続については、民事と同じに考えるわけにはいかない。いずれの場合も、合意を重視することはできないからであり、人権尊重とか権力に対するコントロールということからくるものだからである。例外として軽微な罪についての略式手続（刑訴四六一条以下）がある。

これまで、主として手続法について、手続的保障を中心にしてみてきたが、手続法だけで、裁判をすることはできない。裁判の基準とすべき実体法が必要である。前にも（⇩**4**）ふれたように、裁判は、法を適用してなされるものであるが、適用すべき法は、判断基準としての実体法であることが多いが、手続法であることもある。

たとえば、二重の提訴（民訴一四二条）にあたるか否かは、訴えの内容を検討してはじめて、二重であるのか否かがわかるのであり、手続法といっても、手続きだけで独立に判断できない問題も少なくない。

その意味では、実体法と訴訟法をあまりに厳格に分けることには注意しなければならない。

【参考文献】

兼子一『実体法と訴訟法』（有斐閣、一九五七）

民事訴訟法の大家による訴訟法の本質を考察したレベルの高い研究書。

＊兼子一＝竹下守夫『訴訟のはなし〔第3版〕』（有信堂、一九九二）

よりわかりやすく訴訟について解説するもの。

＊兼子一＝竹下守夫『裁判法〔第4版〕』（有斐閣、一九九九）
　裁判制度に関する法体系を説明する概説書。
小島武司編『ブリッジブック 裁判法〔第2版〕』（信山社、二〇一〇）

8 法の種類(4)——国家法と自治法——

1 国家の法と社会の法

これまで主として国家の制定する法を扱ってきた。法を国家法に限定すれば、それでよいかもしれないが、現実には、国家によらない法が広く行われている。そこで、国家法と対比しつつ、非国家法をみておきたい。

国家によらない法といっても、きわめて多様である。最初にふれたように、「社会あるところに法あり」ということからいえば、社会が存在すれば、そこに法を見いだすことができる。たとえば、会社、労働組合、学校、宗教団体等の法である。さらには、より国家法に近いものとして、地方自治体（都道府県、政令指定都市、市町村）による条例がある。

以下では、こうした団体が自治的につくる法のもつ意味を、国家法との関係でみていくことにしたい。まず、条例についてみたうえ、各種の団体の自治法についてみていくことにしたい。

2 地方自治と条例

地方公共団体は憲法九二条により認められ、その組織運営については、地方自治法により詳細に定められている。地方公共団体としては、都道府県、市町村といった普通地方公共団体と、特別区、地方公共団体の組合(一部事務組合)、財産区、地方開発事業団といった特別地方公共団体がある(地自一条の二)。このうち、普通地方公共団体は、条例を制定することができる(地自一四条)。

わが国は、アメリカ合衆国やドイツ連邦共和国のような連邦制をとらず、中央集権国家であるが、それでも地方の実情に応じた法が必要とされることを前提として、地方公共団体に必要に応じた条例制定権を与えたのである。ただ条例の制定できる範囲は、限定されており、しかも国家の法律と抵触しない限度でのみ制定できるとされている。

この点、アメリカやドイツのような連邦制国家では、まず州(State)、領邦(Land)という国があり、それが集合したものが連邦国家を形成している。たとえば、アメリカのキャリフォルニア州はあらゆる法律と国家機関を備えた国家だといってよい。州の議会、行政府、裁判所が存在している。

日本の地方自治

ところが、わが国では、議会、行政府、裁判所といった機関は国家にのみおかれ、地方公共団体には、首長(知事、市長など)と議会があるだけで、独自の裁判所はない。したがって地方自治とはいっても、アメリカの州の自治とは比較できない。

地方自治体では地方の独自性に応じた条例がつくられている。これまでみてきたように、国家法が網の目のようにきわめて詳細につくられているから、条例の出る幕はないようにも考えられるが、現実には法律の定めない事項について、あるいは法律が存在してもそれと抵触しないようなかたちで存在している。その内容としては、地方議会の議員定数を定めるもの、地方公共団体（県市町村）議員の定員、給与を定めるもの、法律の定める以外の税（観光税、入湯税など）を定めるもの、消防、警察、防災関係、公害、環境関係、消費者保護、産業振興、育英資金、名誉市民にまで及んでいる。なかにはユーモラスともいえるものがある（ジュリスト八〇〇号条例百選（一九八三）参照）。条例には、職員定員、給与、選挙区のように、およそいかなる自治体であれ、条例で定めなければならない事項に関するものと、当該自治体に固有のものがある。地方自治体の制定する自治法というのにふさわしく、特色があらわれている。

特色のある条例（ジュリスト増刊　新条例百選一九九二）

宇治市あき地の雑草等の除去に関する条例（京都府　昭和五〇年）
福井県核燃料税条例（昭和六一年）
石川県　拡声機による暴騒音の規制に関する条例（平成元年）
東京都・ふぐの取扱い規制条例（昭和六一年）

美しい星空を守る美星町光害防止条例（岡山県　平成元年）
湯布院町　潤いのある町づくり条例（大分県　平成二年）

こうした条例には、次のような制約がある。

条例の制定範囲

条例の制定範囲は、「法令に違反しない限り」である（地自一四条）。たとえば、公害について国がある基準を定めている場合、条例でそれと異なる基準を定めることができない。かつて、ばい煙防止法による、ばい煙の排出基準を国が定めたのに対して、地方公共団体が、国の基準では不十分であるとして、よりきびしい基準をもうけることができるか（上のせ条例）ということが争いになった。結局、法律中に「この法律の規定は……条例で必要な規制を定めることを妨げるものではない」という規定を設けることにより、問題を解決した。

これと反対に条例が固有の事項について定めている場合に、それについて国が後から基準を設けることができるかという争いがある。これは、地方公共団体の職員定員や職員給与について、一部の自治体で相当多かったり、高かったりするため、国が法律ないし、基準をもうけて抑制をはかろうとする動きとして問題になる。つまり、本来は地方自治体にまかされている事項について国が定めようとするものであるが、地方自治の本旨を考えれば、自治体にまかせるべきだという考え方が強い。

罰則についての制約

次に、地方自治体の制定する条例にも罰則をもうけることはできるが、その罰則が最高でも二年以下の懲役または禁錮に限られていることである（地自一四条五項）。罰則は、法を守らせるために必須のものであるが、その罰則について自治法たる条例について制限をもうけたのである。自治法ということを強調すれば、制限をもうけず、法が守られるために必要とされる罰則をもうけることができるとすべきであろうが、法律による条例の制約であるとされている。

裁判所の不存在

地方自治といっても、地方自治体がおくことのできる機関は、立法、行政機関に限られ、司法権は国のみに属するとされている。各地方公共団体が、それぞれ独自の裁判所を設置することも考えられなくはないが、わが国ではこの考え方をとっていない。したがって、地方公共団体の制定した条例についての問題が生じた場合にも、国が都道府県に設置した裁判所で扱われることになる。この点でも、アメリカの連邦制とは異なる。連邦制のもとでは、各州が連邦の裁判所のほか、州独自の裁判所（二審または三審制）をもち、州法に関する事件を扱うかたちがとられているのである。

以上みてきたように、地方自治体の自治法は種々の制約はあるものの、地方の状況を反映した条例をつくり、特色のある自治が行われているといえる。現実には、財政的にも国に依存（補助金、地方交付税）しており、地方自治体独自でできる範囲は狭く、三割自治と呼ばれたりしたこともある。

3 自治団体の法

次に、各種の自治的団体の法についてみていこう。すべてを網羅することはできないので、ごく代表的と考えられるものについて自治法の特色をみていく。

労働組合組合民主主義　労働組合は、現代において大きな役割を果たしている。わが国では、労働組合は、大部分会社単位（企業別組合）で組織されているので、産業別組合、職種別組合（tradeunion）のような独自性がなく、会社に依存している面があるが、それでも、労働者の自主的な組織として、固有の法をもっている。労働組合の法としては、労働組合の組織について定める組合規約（労組五条二項）と、これについての細則を定める内規がある。

規約には役員選挙、財政、争議、規約改正についての定めをおかなければならない（労組五条）。組合の組織原理としては、組合員資格と会社の従業員の資格に関するショップ制の定めがある。会社の従業員は必ず組合員にならなければならず、組合員でなくなれば、会社を退職するものとするユニオン・ショップ（これは少ない）、会社は、組合員しか雇うことができないとするクローズト・ショップ（これも少ない）、従業員でないと組合員になれないとするもの、従業員と組合員との間に何らの関連性がないとするオープンショップなどがある。組合と会社との間で協定されることになるが、どのショップ制をとるかは、組合活動にとって大きな意味がある。このほか、使用者は就業規則（労働契約法九条）を制定することができる。

ショップ制のみならず、賃金、労働時間、休日等については、会社と組合との労働協約（労組一四条）により決定される。

組合は会社の内部にあるが、連合（旧総評）とか全労連といった組合の連合体がいろいろのレベルで存在しており、これらの連合体も独自の規約をもうけ、自治法をもっている。

宗教団体の法

宗教団体は、それぞれが独自の組織をもっている。なかには、国家のワクをこえた組織をもっている（ローマ・カトリック教会・英国国教会）ものもあるが、国内的組織しかもたないものの方が多い。問題は、こうした宗教団体の規律と国家法との関係である。たとえば、宗教団体の戒律に反する者に対する制裁が、国家法によると許容されないものである場合にどうなるかとか、宗教団体内部の事項について国家の裁判所への救済を求めうるか、である。

たとえば、ある宗教が重婚を許容している場合、国家法は重婚を許容しない（刑一八四条）として、これを処罰することができるかである。一八七〇年代のアメリカで問題になったことがあるが、宗教といえども国家法に反することはできないとされた。宗教が教理で戦争を禁止している場合、信仰を理由として、徴兵を拒否できるかという問題は、多くの国で争いになり、いわゆる良心的兵役拒否者として、徴兵を免除したり、戦闘的な仕事以外のサービスにだけ服せしめるといった措置がとられてきた。

また、宗教が神以外のものへの礼拝を禁じているとして、国旗への忠誠を拒否することができるかといったかたちでも争いになる。

いずれの場合にも、宗教団体の法を国家法がどのように扱うかであるが、国家法だから当然に優先するという考え方がとられていないことに注意すべきである。

宗教団体内の紛争

このことは、宗教団体の内部における争いについて、国家がどのように扱うかという点でも問題になる。

たとえば、宗教団体が分裂して財産の分割がなされたが、その分割方法に不満な者が、裁判所に救済を求めた場合にどうなるかである。宗教の自由との関係で通常の財産上の争いと同じように扱うことはできない。しかしながら、宗教団体の自治の問題だからといってまったく放任するわけにもいかない。宗教団体の本部（本山）から住職の地位を奪われた者に対する寺院建物の明渡請求というかたちで争われ、これを認めた判決もある。

また、宗教団体へ寄付をしたが、後になって宗教団体の教義に疑問がでてきたとして、寄付金の返還を求める訴訟について、裁判所が扱いうるか否かが争われ、宗教団体の教義といったことについては、裁判では扱いえないとされたことがある。

板まんだら事件――宗教紛争と裁判（最高裁昭和56・4・7判決民集三五―三―四）

宗教団体の本堂建設のための寄付をした信者一七名が寄付の明示された目的について重大な錯誤があったとして寄付金を不当利得として返還請求した。一審は主張内容の錯誤は信仰の本質に関する宗教的な事柄であり、裁判所が法令を適用することによって解決できる「法律上の争訟」に当たらないとして訴えを却下した。二審は「法律上の争訟」に当たらないとは言えないとして一審判決を取り消した。最高裁は二審判決を破棄して、要素の錯誤があったかいなかの判断に際しては、宗教上の教義に関する判断が必要であり、事柄の性質上、法令を適用することによっては解決することができない問題であるとして、法律上の争訟には当たらないとして返還請求を認めなかった。

宗教を信ずる者にとっては、宗教規範（教理）は、国家法よりはるかに高い地位をもつことが多いが、国家の立場からいえば、国家の中に一種の治外法権ともいうべきものの存在を許容することはできないのである。

弁護士会

医師とか弁護士といった自由職業にある者については、広範な自治が認められている。弁護士は、戦前、司法省という国家統制の下におかれていたが、戦後、弁護士の自治が認められ、弁護士は弁護士会をつくり、そのかわり弁護士は、必ずいずれかの弁護士会に所属しなければならないことになった（弁護士法九条）。

弁護士会は、弁護士の活動について規律することができるとされ、職業倫理を定め、規律に反する者に対する綱紀手続き、懲戒ができるとされている。弁護士に自治を認めないとすれば、弁護士はどこかの監督官庁の下におかれ、非行があれば国家法により処罰されるかたちになる。ところが弁護士自治の下においては、そうしたことすべてを弁護士会自らがすることになる。弁護士会では、非行のあったとされる弁護士について、一定の手続きにもとづいて懲戒手続きにかけ、事実を認定したうえで、除名を含む処分を行いうることになっている。こうした処分がなされた場合、処分を受けた者は、これに対する救済を裁判所に求めうるかという問題が生ずる。自治を尊重するのであれば、弁護士会のなしたことを尊重することになる。懲戒に値するか、値するとしていかなる処分が適当かについてまで、裁判所が判断することは困難であろうし、また適当でもない。しかし、懲戒処分の手続きに違反があったかどうかについてならば、裁判所にも判断できる。

大学内紛争　大学には、自治が認められている。憲法の保障する学問の自由（憲二三条）からくる要請といってもよい。そこで大学のなした決定に対し、裁判所で争うことができるかという問題がある。たとえば、ある大学がしたキャンパスの移転計画の決定は不当であるとして、学生が裁判所に提訴するとか、不正行為（カニング）をしたとして退学処分を受けた学生が、処分は不当であるとして、退学処分の取消訴訟を裁判所に提起する場合である。

富山大学事件

富山大学の学生六名が、ある教授の科目の単位が認定されなかったのに対して、この措置を違法であるとして単位認定を認めるべきことを求めた事件について、最高裁昭和52・3・15判決民集三一・二・二三四は、「大学は国公立であると私立であるとを問わず、学生の教育と学術の研究とを目的とする教育研究施設であって、一般市民社会とは異なる特殊な部分社会を形成しているのであるから、このような特殊な部分社会である大学における法律的紛争の全てが当然に裁判所の司法審査の対象になるものではない」とした。

自治を尊重して、大学の決定を裁判所の審査に服しないものと考えるのか、それとも大学のなした決定についても、事後の審査をして、処分の事由（不正行為）の存否、不正行為に対する処分の相当性まで含めた審理をするのがよいかである。ここでも、こうした事柄については、自治団体の決定を尊重することが望ましいとされているが、手続的な違反については争いうるとする余地はある。

4 まとめ

これまでみてきたように、自治法は、ある意味では国家法より、身近なところで、われわれの生活を規律している。しかし、自治法だけで、足りるわけではなく、国家法の補完的な役割をもつものというべきであろう。

【参考文献】

＊兼子仁『新地方自治法』（岩波新書、一九九九）
地方自治の新しい動きを含めて説明する手頃な本。

＊原田尚彦『地方自治の法としくみ』（学陽書房、一九九〇）
複雑化した地方自治のあり方、問題をコンパクトに説明する。

宇賀克也『地方自治法概説〔第4版〕』（有斐閣、二〇一一）
変貌はげしい地方自治法の最新の解説。

9 法の解釈

1 法とことば

これまでみてきたように、法はことばで表現されている。ところが、ことばの意味は明確なものもあるが、ときには不明確なものもある。不明確なものは明確なことばにすればよいし、意味を明確化すればよいともいえる。しかし、法は単にあることがらを表現するにとどまらず、ことばによって一定の目的（規制、処罰、紛争解決）を達しようとするものであるため、万葉集や源氏物語に使われていることばの解釈と同じではない。法の解釈というのは、すぐれて実践的な意味をもった行為なのである。以下では、法の解釈の方法、解釈の客観性といった問題について考えていくことにしたい。

ことばの意味

法は文章で表現されているから、まずその文章の意味を明確にしなければならない。まず法のことばには、きわめて特異なものがある。かつては「滌除《てきじょ》」（旧民三七八条）、「輸贏《ゆえい》」（旧刑一八五条）、「贓物《ぞうぶつ》」（→盗品、旧刑二五六条）といった難しいことばが使われていた。読み方はもちろん、意味について知っている人は限られる。

日常使われることばを用いていながら、法律上は別の意味に使われることばのあることに注意しなければならない。たとえば、法律で使われる善意、悪意ということばは「善意の寄付」とか「悪意の中傷」という場合とは異なり（ただし民七七〇条一項三号・八一四条一項一号は別）、ある事柄を知っているか否かについて使われる。預金通帳を持って預金の引出しに来た人が預金名義人と異なることを、銀行が知っていれば悪意、知らなければ善意というのであって、法が悪意か善意かによって、法的な帰結に差異をもうけようとすることから来る（民四七八条）。

また訪問販売というのは、字面からいえば、セールスマンが家庭を訪問して売ることをいうが、特定商取引法では、販売業者が、営業所、代理店以外の場所で売買契約の申込みを受け締結する販売であると定義しているから、ホテルや公民館でなされる売買も訪問販売にあたる（特定商取引法二条一項）。

2　解釈の方法

次に、ことばの意味が明確になったあと、どのように解釈するかという問題が生ずる。法の規定が明確に定めていない場合、既存の規定を使って何とか結論を出さなければならないのである。そういう場合、種々の解釈の仕方があり、いずれの解釈方法を用いるかが問題になる。

反対解釈・類推解釈

もっとも多く問題になるのは、類推解釈か反対解釈かである。たとえば、あるアパートの賃貸借契約書において「犬猫の飼育禁止」となっている場合、禁止されるのは犬と猫だけで、あとは猿であれ小鳥であれ、すべて可能と解するのを反対解釈といい、犬猫がだめなら、猿もだめだろう、しかし鳥ならいいというのが類推解釈である。反対解釈をとるか類推解釈をするかによって、結果が異なってくる。法律にしろ、契約書にしろ、決して完璧で網羅的ではなく、往々にして省略や脱漏がある。そうした場合、当然含まれると類推をして解するのか、省かれているからはずれると解するのかである。刑法では、罪刑法定主義の立場から類推解釈は禁止されているが、一般には法の趣旨を考えていずれかを決定していくことになる。

拡張解釈・縮小解釈

反対解釈や類推解釈とやや似ているのが、あることばの意味を拡張して考えるのか、縮小して考えるのかである。拡張すれば類推と同じく適用範囲は拡がることになるし、縮小して解すれば反対解釈と同じく狭くなる。たとえば、「配偶者」（民七一一条）というのは、法律的な婚姻をしている者に使われるが、いわゆる内縁関係にある者にも拡げて解するのを拡張解釈といい、「第三者」（民一七七条）は、すべての第三者ではなく、正当の利益を有する第三者に限るというのが縮小解釈である。

拡張解釈は、類推解釈と似ているが、拡張解釈はことばの意味を拡げて解するのに対して、類推解釈は、ことばの意味に含まれないものにおし及ぼしていく点で異なる。

体系的解釈 法のことばは、法体系全体を見据えて使われている。したがって、他の法律や規定との関係にも眼を配って意味を明確にしていかなければならない。たとえば、出生前の胎児について「生まれたものとみなす」という規定があるが（民七二一条・八八六条）、これは、人が権利主体になるのは出生を始点とする（「私権の享有は、出生に始まる」民三条一項）という規定を受けてはじめて意味をもつ。法律ないし規定の相互間の関係を念頭において解釈していく必要のあるゆえんである。

3 法の解釈と結果

合目的的解釈 裁判は、ある事件について、法を論理的、機械的に適用していく操作ではなく、法を適用した結果の妥当性を考慮しながら、法の適用をしていく過程であるとされている。より端的にいえば、妥当な結論に合うように法のことばの意味を拡げたり狭めたりしているともいえる。このことは、訴訟の当事者の立場に立てば、よりはっきりいえる。たとえば、借家の破損した場合についての修繕義務について「大修繕は賃貸人、小修繕は賃借人がなすべきもの」と契約書に書かれている場合、修繕を要する箇所がいずれとも明確にはいえない場合、賃借人は大修繕であると主張し、賃貸人は、小修繕と主張するであろう。裁判所としては、一般的に、大修繕と小修繕をどのように区別すべきかを考えつつ、いずれにあたるかを決することになるであろう。

このように、法の解釈というのは、法の文理上の意味を明確にするというにとどまらず、一定の目的のために法のことばを解釈していくものである。そのため合目的的解釈と呼ばれることもある。つまり、ある法規を適用するか否かについては、法規の目的をさぐり、その趣旨を直接規定されていない事項にも適用するのが好ましいか否かをさぐり、おし及ぼすのがよければ類推し、おし及ぼすのが好ましくないと考えれば反対解釈をすることになる。

法律意思説と立法者意思説　この際、法規の目的とは何かについての争いが生ずる。法律には、一般にそれが何を目的とするのかが明確にされていないことが少なくない。また法律の目的とするものが、単一ではなく、複数の目的を調和するとしていることもある。そうなると、法律の目的が何であるかは必ずしも容易にはわからない。このため、法律そのものから目的を探求するという考え方（法律意思説）と、法律をつくった人が何を考えていたかを探求して定めるべきだとする考え方（立法者意思説）とがある。

法律意思説といっても法律の意図するところは明確なこともあるが、複雑な法律、妥協の結果成立した法律においては明確ではない。また、立法者の意思を探求すると、法律の意味が明確化することもあるが、立法者といっても一人ではないうえ、起草者をいうのか、立法府における法律制定者をいうのかが明確ではない。したがって、いずれとも決められないことが多いといえよう。

4 法解釈の主観性

ある法律の意味が不明確なため複数の解釈が可能な場合、いずれの解釈を正当とすべきかという問題がたえず生ずる。法律的紛争はすべて、ことばの意味をめぐるものだといえる。それは、あることばの意味を広く解するか、狭く解するかによって法律適用の結果が異なることを前提としている。

そうした、法の解釈についての争いのある場合にいずれと決するかについて、一九五二〜三年頃法解釈論争というのがあった。法の解釈については、いくつかあるうち、どれか一つだけが正しいもので、その正しい解釈を客観的に定めることができるとする考え方と、法の解釈の正しさというのは、客観的に証明できるものではなく、結局どれが正しいかについての選択（決断）の問題であるから、主観的にならざるをえないとする考え方である。もっとも主観的といっても、個人の好むままにという意味ではなく、法という基準に照らしての判断ではあるが、それでもいずれか一つだけを正しいとすることはできないとするのである。

法という基準にしたがった判断について、解釈の仕方が違ってくるというのは、おかしいともいえるが、解釈の仕方の違いは、結局解釈の結果についての争いであるとすれば、やむをえないといえるであろう。現在では、複数の法の解釈が可能な場合、唯一の客観的解釈が存在するという考え方はとられていない。

法の解釈論争

一九五〇年代に、法の解釈が客観的たりうるかをめぐって、学界で論争があった。特に憲法九条が戦争放棄を規定しているにもかかわらず、自衛隊（当初警察予備隊、ついで保安隊）が置かれたこととの関係で、そこまで憲法に反する解釈ができるか、法の意味は客観的に定まるもので、解釈者の主観によって左右されるべきではない、とする考え方とがあった。解釈は終局的には解釈者の判断（決断）によることが、共通理解とされた。

裁判官の意見表示

法の解釈が、解釈者によって異なるとされると、誰が裁判官になるかが、重要な意味をもってくる。裁判官によって意見が異なることになる。裁判所が単独制の場合はその裁判官個人の意見であるが、合議制の場合には、意見が分かれれば多数決で定められ、裁判官個人の意見は表示されず、裁判所の意見として示される。ただ最高裁判所についてだけは、裁判官の意見表示ができる（裁判所法一一条）。裁判官の間で意見が異なることが表示されることは、裁判への信頼をゆるがすものであるから好ましくないという意見もありうるが、最高裁判所の裁判官については、国民審査（憲七九条二項）があることとも関連して、意見の対立があれば、隠さず表示した方がよいとする考え方に基づいて意見表示制がとられている。実際には、裁判官の意見が表示されることは、それほど多くはない。それでも、この意見表示制は、誰が裁判をするかによって、裁判の結果が異なってきうることを示すものとして重要な意味をもつものといえよう。

結果の妥当性

ところで、法のことばの解釈の違いは、結果の違いであるとすれば、結果の妥当性によって、どれがよいかを決めることができないであろうか。犬猫の飼育が、猿をふくめるか否かについていえば、猿を禁止することにより生ずるであろう結果と、猿を許容することにより生ずると予想される結果とを比較することになり、猿の許容が好ましくない結果を生ずるとすれば、猿も禁止するのである。

実際には、こうした単純なものではなく、ある解釈をすると生ずることの予想される結果が不明確な場合がある。また過去に生じたことに法を適用する場合には、自分の利益になるような結果をもたらす解釈をすべきだと主張されることになるであろう。

結局、結果が妥当なものかどうかの判断は、裁判官によってなされるのであるから、中立的な第三者である裁判官から見て、妥当と考えられる結果をもたらす解釈がとられることになるであろう。

5 結論と理由――論理と心理

裁判は法を解釈し、適用することによってなされるものであり、その際、適用の結果の妥当性が重要な意味をもつことをみてきた。ある結論が出されるのは、法を適用した結果であると説明されている。ところが、結論と理由とではいずれが先に出るかという問題がある。結論の重要性ということからいえば、まず結論があって、しかる後に理由がつけられるとも考えられる。自己に有利な結論を望む利害関係者の場合には、まさにそうであろう。

ところが、裁判官の場合でも基本的には同じではないかという指摘がある。こうした指摘は、一九二〇年から三〇年代にかけてアメリカのリーガル・リアリスト（法現実主義者）らによって唱えられた。その代表者のJ・フランク（一八八九―一九五七）によると、裁判において決定的に重要なのは結論であり、理由は後からつけられる正当化（rationalization）にすぎないというのである。フランク自身晩年に二〇年近く裁判官をつとめ、その経験をもふまえて述べているのであるが、これはきわめて重要な指摘である。つまり、裁判を単なる論理的な過程とみるのではなく、より心理的な過程としてみた場合には、種々の要素（事件の特殊性、原告、被告の外観、経済状態）への総合的な反応として裁判の結論が形成されるというのである。

わが国でも、民法学者の末弘厳太郎博士（一八八八―一九五一）が、断片的にではあるが、これとほぼ同じ指摘をしており、こういう視点から裁判、法の解釈をみていくことが重要である。ただ、裁判の心理的な過程を外部から把握することはほとんど不可能であり、心理過程の分析はきわめて難しいといってよい。しかし、論理そのものといってよいような裁判についてすら、こうした心理過程が重視されるべきだとするのは見逃されてはならないであろう。

裁判の結論、末弘博士の見解

一体裁判官が裁判をするに当っては、事件を審理した上で結論が先きに出るのだろうか、それとも法文と理窟とが先きに出て、その推理の結果ようやく結論が出るものだろうか、という問題です。この問題は、日本の裁判官は勿論、外国の裁判官にもしばしば訊《たず》ねてみました。ところがこれに対する答は、ほとんど常に、「結論が直感的に先きに出る、理窟は後からつけるものだ」というのでした。しからば、その直感的に出てくる裁判の結論なるものは、いかなる心の働きから出てくるのか、私は次にこの問題を考えたのです。裁判が理窟から生れてくるのでないとすれば、何から生れてくるのか。単なる感情とか好悪から生れてくるのでないことだけは明らかです。それで私の考えでは、それは裁判官の全人格の力で生み出されるのだと思うのです。

末弘厳太郎『嘘の効用』（冨山房百科文庫）

裁判において、結論が重要な位置を占めることから、ある結論のために、ことばの意味を大きくかえるといった操作が行われる。これは素人からは、ことばの魔術だとか、より極端な場合には二枚舌、ペテンであるとさえ非難される。たしかに、ときにはペテンだと思われるような解釈もなされるが、それとてもある結果を導くための苦心から出るものである。こうしたことをなくしていくためには、無理な解釈をしなくてすむように法を改めていくことが必要であるが、法の改正は、それほど容易にできるわけではなく（⇩15）、目的のために、ことばの意味から大きくはなれた解釈が行われることもありうるといえるであろう。

10　法と法律家

1　法の専門家

法はとりわけ専門的な性格をもっている。すべての人にとって重要な意味のある法が専門的で、一部の専門家にしか理解できないというのはよいことではないが、量的に膨大で、質的にもこみいっているため、専門的にこれを扱う者だけが近づきうるといったこともでてくる。こうした法の専門家、あるいはにない手には、多種類の人々が数えられる。もっとも狭義には、法曹といわれる裁判官、検察官、弁護士であるが、このほか準法律家という名で呼ばれる司法書士、行政書士、弁理士、税理士などがある。さらに政府や企業（会社・諸団体）には法務スタッフがいて、弁護士に匹敵するような仕事をしている。また、法のにない手というよりも、研究者として法学者も重要である。

以下では、こうした法律家がどのような活動をしているか、その現状、養成、任務、資質といった点をみながら、法をになう人の面から、法の問題を考えていくことにしたい。

2 法曹とその養成

裁判官、検察官、弁護士は法曹三者といわれる。現在では、法科大学院を修了し司法試験に合格した者が、司法研修所での訓練をうけたあと、三者のいずれかになるかたちがもっとも多い。司法試験は、合格者が九一年までは五〇〇人、以後七〇〇人前後で、合格率三パーセント前後という難関であった（新司法試験制度については後述）。

戦前は、判検事は司法省で司法官試補として、弁護士は弁護士会で研修を受ける体制であったが、戦後統一的に教育するかたちがとられた。現在では、現役の法曹の大部分が司法研修所で教育を受けた者で占められている。二〇一二年現在の人員は、裁判官（簡易裁判所裁判官を除く）約二、〇〇〇名、検察官約一、二〇〇名、弁護士約三万三、〇〇〇名である。

西欧諸国と比較すると、一〇万人当たりの弁護士の数はきわめて少ない。法律的需要が多くないこと、準法律家が法律家の仕事をしているからだとされている。

法曹になるためには、司法試験に合格しなければならないが、必ずしも法学部を卒業していなくてもよかった。法学部卒業者のうち法曹になる割合はきわめて小さく、大部分は法曹以外の職につく。これはわが国の大学における法学部の教育のあり方とかかわっている。法学部を出ただけでは、法の専門家になれないというのは奇妙なことのように思われるが、戦前からの傾向であった。

法科大学院

司法改革の一環として法曹教育を法科大学院において行うことになり、二〇〇四年から法科大学院七四校が開校した。これにより法科大学院の修了が司法試験の受験資格とされ（ただし司法試験予備試験があり、法科大学院に行かなくても受験できる道がある。）司法研修所における実務教育期間が一年に短縮された。当初のプランでは、法科大学院の修了者の八〇％にあたる約三、〇〇〇人を合格者とすることになっていたが、弁護士会からの反対などがあって、実際には二、〇〇〇人前後、合格率も三〇パーセントにとどまっている。

法学教育

法学教育と法曹教育とは、区別して考えなければならない。まず法学教育は、大学の法学部とか法学科においてなされるが、六法といわれる憲法、刑法、民法、商法、民事訴訟法、刑事訴訟法を中心に、行政法、労働法、経済法、環境法、国際法などを学ぶ。このほか、租税法、医事法、土地法といった新しい法領域とか、法制史、法哲学、法社会学、比較法とかいった法の基礎理論（基礎法学とよばれる）も講義されている。法のカバーする領域は広大で、とうていすべてを見わたすことは不可能なことは前述のとおりであるが、大学ではこのうちから、基礎的なものを取り上げ、体系的に学んでいくのである。その際重要なのは、法律を片っぱしから記憶していくというのではなく、法律を使って問題を解く能力（リーガル・マインド）を養成していくことである。

法曹教育　司法試験に合格すれば、司法研修所（最高裁判所に付置（裁判所法一四条））において司法修習生として一年間の法曹教育を受ける。司法研修所においては、法学教育を前提として、法律文書の書き方（起案）、証拠による事実認定、訴訟実務といった実際的なことを学ぶ。さらに、民事裁判、刑事裁判、検察、弁護の現場において実務修習をする。

修習を終えたあとは、原則として志望に応じて、裁判官、検察官、弁護士になる。裁判官と検察官には定員があって、必ずしも本人の希望通りにはいかないが、任官されれば、キャリアの裁判官ないし検察官として仕事をしていくことになる。弁護士になる割合がもっとも多いが、最初は大きな法律事務所において、実務の勉強をしたうえ一人前の弁護士として活動していくかたちが多い。

3　法曹の資質

このように法曹は、それぞれが固有の重責をになっているわけであるが、こうした職務遂行のためには、次のような資質が要求される。

第一は、不偏不党で、冷静に判断する能力である。とりわけ激しく利害の対立する紛争を扱うだけに、よけいに片寄ることのない判断能力が必要とされる。

第二は、法律だけでなく、社会、経済、政治といった世の中のこと全般に対する深い理解力である。法律問題があらゆる事項にわたるだけに、広い見識が必要とされる。

第三に、正義の感覚である。社会における正義への情熱なしには、法曹はその使命を達することはできない。

以下では、裁判官、検察官、弁護士の順にその職務、活動についてみていこう。

4　裁判官

裁判官は、裁判をすることを仕事とする。裁判をするといっても、現実にはきわめて多くの職務がある。第一審の裁判官（地方裁判所）についてみていこう。もっとも重要なのは、民事、刑事の訴訟について、審理をしたうえ、裁判（通常判決というかたちをとる）というかたちで、判断（原告勝訴か被告勝訴か、刑事では有罪か無罪か）を示すことである。訴訟の提起は、当事者によるが、裁判所に係属すると審理（訴訟指揮）は裁判官によって進められる。裁判所の構成は、合議（通常三名）のことも単独のこともある。事件によっては単純なものもあり、一、二回の審理で、判決できることもあるが、多くは、事実関係の複雑さ、あるいは当事者の主張の対立のはげしさゆえに、相当長期間を要する。裁判官は、一つの事件だけを受け持つわけではなく、何十件、ときとして百をこえる事件を同時に受け持つこともある。

さらに、わが国では、訴訟とくに民事訴訟は文書中心で行われることが多く、裁判官が裁判をするためには膨大な訴訟記録を読まなければならない。裁判は判決というかたちで、書かれる（裁判書《がき》）。判決を書くことは、裁判官にとってもっとも骨の折れる作業である。判決は、まず訴訟における両当事者の主張とその証拠を挙示し、それに対して、裁判所がどのような事実を、どのような証拠にもとづいて認定したかを示し、法律や先例を考慮しつつどのように結論が導かれたかの過程を示すものである。

判決をするほかに、裁判官の仕事としては、訴訟以外の簡易な手続き（支払督促、調停、審判、仮処分、仮差押）、逮捕状の発給などがある。

5 検察官

検察官の職務については、検察庁法（昭和二二年制定）に定められている。主として、刑事事件を扱うが、公益の代表者として民事事件（主として家事事件）をも扱う（たとえば民八四六条）。刑事事件については、犯罪の容疑ありとして、警察官（司法警察職員）により逮捕されたり、取調べを受けた者が、検察庁へ送致されたあと、取調べを行い、公訴を提起するか否かを決定し、起訴された者については、裁判所において公判を進行する。検察官は、罪を犯したと信ずるに足りる証拠のある者（被告人）を起訴しているわけであるから、裁判所に対して、そのための証拠と法律の適用による刑罰を請求（求刑という）するのである。ただ、検察官については、検察一体の原則により、上層部からの指揮、命令を受ける点で、独立性のある裁判官と異なる。

被告人に刑罰を科することを求めるというのは、あまりよい役まわりとはいえないかもしれないが、社会の代表者として、法に違反した者に対して刑罰を科することを求めるのは、社会正義の実現を求める力強い法のにない手であるといってもよい。

検察官は、きびしい面のみが目立つが、実際には、不幸にして罪を犯した者に対する人間的な処置をする権限を与えられた者でもある。決して、法を厳格に適用し、厳罰を要求するばかりではない。

6　弁護士

弁護士は、裁判官、検察官よりはるかに広い活動領域をもっている。自由職業といわれるように、誰からも命令されることなく、自己の責任において活動をする。もっとも主要なものは、民事、刑事についての訴訟活動であるが、そのほかに、法廷外での紛争予防的な活動も重要である。

まず法廷における活動であるが、民事と刑事とでは異なる。刑事については、逮捕されたり、起訴された者からの依頼に基づいて、被疑者（起訴前）、被告人（起訴後）が不当な扱いを受けないよう弁護活動を行う。被疑者に面会して、法的なアドバイスをしたり、証拠の信頼性について疑義を呈し、証人に対し尋問をしたりすることや拘留中の者に対し保釈を請求することまで含まれる。

こうした依頼にもとづくもののほかに、弁護人を依頼できない者に対して、国が選任する弁護人

（国選弁護人）がある。刑事被告人に対する国選弁護人は、憲法三七条三項により保障されている（刑訴三六条以下）。

訴訟代理人

民事については、弁護人の活動は種々の局面においてなされるが、もっとも主要なものは、訴訟代理人である。訴訟代理人は原則として弁護士でなければならないとされている（弁護士法七二条）。誰を代理人とするかは、依頼者が決め、依頼者と代理人（受任者）との間で訴訟委任契約が締結される。訴訟当事者たる依頼者からの代理権を証明する書面があれば、代理人は以後裁判所では、本人の出席なしでも訴訟に関与できる。民事訴訟は、訴状にはじまり、これに対する答弁書、準備書面といったように文書を通じてなされるが、証人については法廷で尋問するかたちで行われる。弁護士は、この過程を通じて、依頼者の利益になるような活動をしていく。

法廷外の活動

こうした法廷における活動のほかに、法廷外の活動がある。たとえば、外国企業との事業提携、合弁事業、M＆Aを進めるための法律的準備を整えるとか、輸出入に伴う法律問題の相談にのって、しかるべき準備をしたりする仕事（渉外関係と呼ぶ）がある。さらに、企業が倒産した場合の多数の関係者の法律関係の清算、整理にあたる管財人（破産法七四条以下、会社更生法六七条以下）も弁護士の重要な仕事である。

また、紛争中の事件について、訴訟係属中であるか否かを問わず、相手方と交渉して和解によって紛争を解決するのも弁護士の職責である。このほか会社の法律顧問として、折にふれて生ずる法律問題についての相談にのるというのも重要な活動である。

弁護士は、依頼者から、原則としてなされた仕事に応じて報酬を受け取る点で、定められた報酬を受けとる裁判官、検察官と異なる。

7 準法律家

これまで、法曹を中心にみてきたが、法曹以外にも、法のにない手というべき人々（準法律家）は多い。準法律家は、法曹を支える裾野を形成しているともいえる。

司法書士、行政書士弁理士、税理士

司法書士は、訴訟書類、登記書類の作成と一部の民事々件の手続きの代行ができるにすぎないが、実際には、それと関連して法律相談をしたり、法的活動もしている。弁護士でないとできない事項をすると、非弁活動（弁護士法七二条）にあたるが、弁護士の数の少ない地域（かつては弁護士が一人ないしゼロの、ゼロワン地域というのがあったが、最近解消した）においては、司法書士が弁護士に代わるような活動をしている。本来の業務について司法書士は、法を創造するような役割を果たしていないが、右のような付随的活動によって、法律家に準ずる役割を果たしている。

行政書士は、官公庁に提出する書類の作成にあたるが、これに付随して、本来は弁護士のなすべき仕事も事実上行って問題になることがある。

弁理士は特許、実用新案、商標等に関する事務の代理、鑑定を行う資格をもつ者であるが、業務の性質上、法律と関連する仕事をしている。

税理士は、税に関する問題についての書類の作成にあたるが、税に関する申告、不服申立等について代理することもできるとされている。税に関してではあるが、法律関係の仕事をしていることにより、法律家に準ずる役割を果たしているといえるであろう。

官公庁企業の法務担当者　官公庁や企業は、法律問題を処理するための法務担当者をかかえている。本来は、必要とするたびに弁護士に依頼すればよいともいえるが、わが国では、法律の専門家を養成し、会社や官公庁の法律問題の処理にあたらせている。もっとも、訴訟をする場合には、その都度弁護士を依頼しているが、日常的な法律問題の処理は法務担当者に任せている。こうした法務担当者は、限られた領域についてではあるが、ときには専門の法曹を上まわるようなエクスパートになることもある。

また官公庁とりわけ国家公務員のなかで、法律作成の任にあたる者は、法の専門家に匹敵するような立法技術を備えている。

8 まとめ

これまでみてきたように、法は、法曹を中心にして、きわめて多くの人々によって運用されている。法があれば誰が運用しても同じであるように考えられるが、現実には、誰が法の解釈をするかにより結果が異なることから（⇩**9**）もわかるように、人的ファクターを無視することはできない。そうなるとすぐれた法の担い手を養成することは、きわめて重要だといわなければならない。法学教育、法曹教育の重要性がここにある。

【参考文献】

小島武司＝田中成明＝伊藤眞＝加藤新太郎編『法曹倫理〔第2版〕』（有斐閣、二〇〇六）
法律家のあり方を種々の素材に基づいて考えさせる法科大学院向けの教材。

11 法の順守

1 法を守らせる

これまで主として裁判における法の適用の問題を考えてきた。しかし、法は何よりも人々によって守られるのでなければ意味がない。そこでいかにして人々に法を守らせるかについて考えていくことにしたい。

国家が法を制定して、これを守るべしと宣言すれば、人々が、はいわかりましたと従順に服従するわけではない。誰でもが守りうるようなことをわざわざ法にする必要はないから、法の内容は多少とも、守ることが難しい事柄である。守るのに困難な事柄を守らせるためには、どうしても強制手段が必要とされる。つまり守らなければ制裁を受けるというかたちにする必要がある。

2 法と強制

法を守られるようにするためには、守らないと何らかの制裁（サンクション――刑罰や不利益）を受けるというかたちにしておく必要がある。法は、何らかのかたちで制裁を伴っているといってよい。制裁を伴わない法もなくはない。たとえば、親族間の助け合いを定める民法七三〇条には、制裁がない。助け合いを制裁を科して強制するのは好ましくないという考え方である。しかし、そうした法はむしろ珍しい。その意味では、制裁あっての法であるといってよい。

法に伴う制裁については、多様化している。もっとも古くから用いられているのは、刑罰であるが、民事の法規にあっては、経済的不利益を付するとか、裁判所の助力をえられなくするといったものがある。このほか、新しい形として、法律違反を公表するという方法もある。以下、各種の制裁についてみていこう。

刑罰

もっとも古くからある制裁は、刑罰を加えることである。生命を奪ったり、自由をはく奪し、懲役刑、禁錮刑としてある期間刑務所に収容する刑罰である。現在でも、殺人とか放火といった罪には、かなり重い刑罰が法定されている。このほか、罰金刑があり、比較的軽い罪について法定されている。

刑罰としてのコミュニティサービス

犯罪を犯した者に対して、単なる苦痛を与えるだけでなく、社会奉仕を命ずる考え方が一九七〇年代にイギリスで、次いでアメリカで採用されるようになり、日本でも一部で採用されている。ぺナルティの社会化の傾向に沿ったもので、抽象的な社会奉仕、罰金、教育、刑事補償の考え方や理論にもとづく、ペナルティの一種である教育、予防の目的を達するため、少年犯罪者のためのコミュニティサービスにも適用される。

民事上の制裁　私人間の法律関係においては、当事者の合意で法規と異なった定めをすることができるが、強行法規とされている規定に従わないと当事者間の定めは無効とされるという制裁がある（民九一条）。たとえば、借家契約において家主が必要とするときはいつでも明け渡すという条項は、借地借家法に違反するとして、その条項はなきものとして扱われ（借地借家法三〇条）、借地借家法の定める「正当の事由」（借地借家法六条）が家主側にない限り明渡しを求められないことになる。また、当事者間の定めが、公の秩序、善良の風俗に反するとされた場合には無効とされ（民九〇条）、その契約の強制的な履行のため裁判所の助力を受けることはできないとされる。たとえば、選挙においてある候補者に投票してくれれば一定額の謝礼を出すという約束は、任意に履行されない場合、裁判所の協力を得て実現することはできない。

行政法上の制裁　国と国民との関係に関する公法（行政法）では、国民の義務の履行を確保するため、種々の制裁を用いている。たとえば、人、物の運送や、医薬品、食品の製造などの営業をするのに国、公共団体の許可が必要とされる場合、営業者が法律に違反すれば、許可を取り消して営業をできなくするという手法が用いられる。国民や法人の納税義務の履行を確保するため、不正な税の申告をしたり、申告を怠った場合には、通常より高い税率で税を徴収（加算税）するといった手法もある。

このほか、環境汚染をする企業に対して汚染物質の排出量に応じた課徴金を課して、排出量の減少をはかるといった手法も用いられている。

違法行為の公表制度

より新しい制裁として、違法行為を公表するという手法が用いられる。ある人が法に違反した行為をしたということは、ふつう、一般の人々には知らされない。特に注目すべきものについては、マス・メディアによる報道がなされるが、小さなものについては知られない。そこで、行政当局が、違法な行為（たとえば脱税）をした者の名を積極的に公表し、社会に知らせるのである。これは、事実の公表だけで、格別の制裁を加えるわけではないが、イメージを大切にする企業などにとっては、違法行為をしたことを知られることは、かなりのマイナスになるといってよいから、相当の効果があるとされる。

間接的な規制

ある行為を禁止し、それに違反した者に制裁を加えるというのが従来の方法であるが、それに加えて、間接的な手法が併用されている。たとえば、武器による殺人が多い場合に、殺人そのものに厳罰を科するほかに、武器の入手を困難にするという方法であり、わが国でも、銃砲刀剣類の所持だけでなく輸入をきびしくコントロールするというかたちをとっている。麻薬などについても所持、取引を制限している。また、ハイジャックに対しても、厳罰でのぞむほか（航空機の強取等の処罰に関する法律）、航空機の搭乗者に対する持込品のチェックをするというのも間接的な規制方法もある。ただしチェックそのものは国ではなく航空会社側が行っている。

3 法の順守の教育

このように、法には多様な制裁が準備されているが、こうした制裁は、違法行為のあるたびに発動されるわけではない。違法行為の発見、確認は必ずしも容易でないことが少なくないし（たとえば脱税）、違法な行為があまりに多いために（交通違反）、すべてに制裁を科することができないことなどによる。そうなると、法の権威がゆらぐという見方もできるが、むしろいつ違法行為が摘発されるかわからないというかたちにして、法を守らせるというのも一つの手法といえる。つまり、制裁を背景として、強制的に法を順守させるというのではなく、自発的な法順守の態度を人々に植えつけることである。こうした内心からの法の順守がなくては、社会の秩序は保持されていかないといってもよい。

それでは、どのようにして法の順守を教育するかであるが、これにも多様なものがある。第一は、教育によって殺すなかれ、盗むなかれ、人を傷つけるなかれ、だますなかれといった基本的な規範を、内面化するまで教え込むことである。これは、家庭や学校で、幼児期から教えられるほか、凶悪な犯罪がなされたとき、大きく報道して、けしからん行為であると糾弾することにより、人々に何が善く、何が悪いかについての共通の確信を植えつけるというかたちで行われている。こうした糾弾は、むしろ違反な行為に対する憤慨にすぎないようにも思われるが、社会の自己保存的な作用だと見ることもできる。

4　守りやすい法

このように法を守れという教育が大切であるが、その際、なぜ法を守らなければならないかという問題が出てくる。かつては、国家の法律だから当然守るべしという、権威的な根拠づけがなされ、それが十分な説得力がもったが、現在では、必ずしも十分とはいえない。やはり、法を守ることが社会的なプラスをもたらすといった、法の内容の合理性に基づく根拠づけが必要とされる。つまり、無条件に法を守れというのではなく、法に対する納得づくの順守である。そのためには、法の合理性というものが問題になってくる。

アメリカの禁酒法

法の順守が問題となるのは、多かれ少かれ法の内容に対する疑問のある場合である。無理難題を法の内容としても、守られない。

アメリカ合衆国で、第一次大戦後の一九一九年に制定された禁酒法（憲法修正一八条）がある。いかにアルコールによる害があろうとも、飲みたい人に飲むなと禁止することは難しく、結局一四年後に廃止された（憲法修正二一条）のはその例であろう。どんな事項であっても法律にして強制すれば、守られるというわけではない。人々や社会にとって、つまり法の内容とするところが、一定目的のために合理的なもので、これを守ることがよい結果をもたらすものであってはじめて、「法を守れ」ということに説得力が出てくるのである。

それでは、どのような法が守りやすいのか。このためには、むしろ逆に、どのような法が守られにくいかを考えた方がよい。

守られにくい法律

戦中から戦後にかけて、戦時非常立法として各種の経済統制法がつくられ、経済取引、物資の流通等にきびしい制約がもうけられた。この経済統制法は、経済活動に対する非現実的といえるほどの強い制約であったために、あまり守られなかったといわれ、いわゆるヤミ取引が横行した。新しいものとしては、道路交通法（昭和三五年）がある。この法律は狭隘《きょうあい》な国土にあふれる車の流れを確保しつつ、事故防止的な規制をしているのであるが、種々の不合理な面もあって（たとえば制限速度、駐車禁止）必ずしも守られてはいないといわれる。

そこで、守りやすい法、守られる法をという問題になってくる。どんな法が守られやすいのかという内容の問題とともに、どういうふうに法をつくれば守りやすくなるのかという、法技術的な問題もからんでいる。

5 法の順守の確保

制裁と罰則　制裁をもうけ、順法の教育をしても、法に違反する者は絶えない。死刑または懲役という厳しい罰則があっても殺人（刑一九九条）はなくならないし、一〇年以下の懲役刑のある窃盗（刑二三五条）も発生する。これは、制裁の無力を物語るものであろうか。

こうした法律違反のあることに対しては、制裁が生ぬるいから違反するので、より厳罰をもって臨めば法は守られるという厳罰主義の考え方がある。たしかに、一般には罰則を強化すれば法律違反は少なくなるといえるであろう。たとえば飲酒運転への刑罰強化（道交法六一条）が、飲酒運転を減らしているといえるであろう。また危険運転による事故について、危険運転致死傷罪（刑二〇八条の二）も制定された。しかし、法律に定められている罰則は、保護法益とのバランスによって定められているもので、ある犯罪についてのみ、バランスをくずして罰則を強化することは難しい。たとえば、飲酒運転に無期懲役をというわけにはいかない。そうなると厳罰主義をすぐにはとりえない。

法を破る者がいることは、法が有効に機能していないことを示すものと考えるべきであろうか。法に違反する者がいるということは、大部分の人々は法を守っているということでもある。大部分の人々によって無視され、守られていない法は、法というに値しない（ザル法）。

法が守られているという場合、何故守られているのかを知るのは容易ではない。おそらくある人々は、法を守るべきだという単純な信念にもとづいて守っているであろうし、また、法の内容が合理的であると考えて守っている人々もいるであろう。さらに、法を守らないと制裁を加えられるから、それがこわいとして守っている人々もいるであろう。

更生と教育刑

これに対して、法を守らない人々はどうであろうか。制裁のあることは十分知りつつも、法に違反している人々もいるであろうし、法のあることを知らないまま、結果的に法に違反している人もいるであろう。さらには、法の制裁を受けることが少しもこわくないという人々もいるであろう。

このように考えてくれれば、法に制裁をもうけたとしても、法律の違反を皆無にすることは困難である。したがって、法律に違反する人々がいることから、法は機能していないと考えることはできない。法律違反の制裁を受けても平気だという人々により法が無視されたとしても、法の意味はないと考える必要はない。残念なことに、どこの社会にも、法の制裁を受けても少しも不利益であると感じない人々がいる。そうした人々を、法律に違反しないように更正させることは、刑罰の重要な役割である（いわゆる教育刑）。

コンプライアンス

二〇〇〇年ころから、企業が、自社製品の欠陥を隠したり、金融商品のリスク告知が不十分、公共工事における談合などのトラブルが生じてきて、必ずしも法律を守っていないことが明らかになるとともに、企業への批判が厳しくなった。そこで、企業もコンプライアンスという形で法律遵守を徹底する体制を整備して、社会的批判に対処する動きが生まれ、会社では社内の法令遵守状況を監視する部門を設けるにいたった。企業の社会的責任（ＣＳＲ）の一部である。

これまで、主として刑事罰について考えてきたが、民事法や行政法についてもほぼ同じようなことがいえる。ある取引が、法に違反したために無効とされれば、それ以後は違反しないようなかたちの取引にするであろうし、違法な行為をしたことにより、営業許可を取り消されたり、営業停止を受ければ、再び同じ行為はしなくなるであろう。ただ、この場合にも、制裁を受けても平気だという人が出てくることはありうる。しかし、それによって法の制裁が無効であることにはならない。また、制裁が一度も発動されたことがないからといって、制裁が意味をもたないわけではない。いわゆる伝家の宝刀として意識され、尊重されていることは珍しくはない。

これまでみてきたように、法秩序の維持のためには、多種多様の強制手段が駆使されている。法によっていかなる目的をも達成しうるわけではないが、法が順守されるようにする工夫は重要である。

【参考文献】

川島武宜『日本人の法意識』（岩波新書、一九六七）
日本社会における法のあり方について、豊富な実例に基づき興味深く解明する。
拙稿「法を守らせる手法」拙著『日常生活のなかの法16章』（日本評論社、一九九〇）

12 法の衝突

1 法の抵触と適用法規決定のルール

法は、多くのレベルにおいて存在しているため法相互間で矛盾対立することもでてきうる。国家法と自治法の矛盾については先にふれたが（⇩8）、このほかにも国際法と国内法が対立したり、日本法と外国法が衝突（抵触という）することもおこりうる。国家法の内部においても、憲法と法律、法律相互間、法律と命令といったかたちで、内容的な衝突がおきることがある。

ある事件について複数の法の適用が可能な場合、いずれの法を適用するべきかという問題が生ずる。衝突が生ずるたびに、いずれを適用すべきかを考えるという解決方法もありうるが、いずれの法を適用するかによって、結論が違ってくるわけであるから、その都度、適用法規を定めるのではなく、一般的なルールによって、適用法規を定めていくことが必要である。実際にも、法の衝突の態様ごとに、適用すべき法を決定するルールが存在している。ここではそうした衝突解決のルールについて考えていくことにしたい。

まず、国家法の内部での矛盾解決のルールをみたあと、国家法と国際法、自治法、外国法との衝突の問題を考えていくことにする。

2 国家法相互間の矛盾

国家法がきわめて膨大で複雑なものになっていることはすでに見たが（⇩**2**）、膨大かつ複雑であるだけに、法どうしが相互に矛盾することもありうる。もちろん法制定にあたっては既存の関連法規を十分調べたうえで（法案を作成する段階で法制局が法律を審査する）、それらと矛盾しないように配慮されるわけであるが、実際上は、内容上矛盾するようなものがでてくる。そうした場合の矛盾解決のルールをみていく。

上位法と下位法

国家法の法形式には、憲法、法律、命令といったものがあることはすでにふれたが、こうした階層構造に立つわけであるから、上位法と下位法が矛盾すれば、上位法が優先する。つまり、下位法は、上位法と矛盾するようなものであってはならないのである。より具体的にいえば法律をつくるにあたっては、憲法と矛盾するようなものであってはならないし、命令をつくるにあたっては法律と矛盾するものであってはならないのである。

まず憲法と法律の関係についていえば、憲法という国家の基本構造を定める法は、法律より一段高い地位にあり、法律をつくるにあたっては、憲法と矛盾しないようにしなければならない。ただ憲法と矛盾するか否かの判断はときにはきわめて微妙で難しいことがある。たとえば憲法は現行犯逮捕の場合を除いては、令状のない逮捕はできないとしているが（三三条）、刑事訴訟法二一〇条は、このほかに重い刑罰の罪で、逮捕状を求めることができない場合の緊急逮捕というものを規定している。憲法が現行犯逮捕以外は逮捕状が必要であるとしているのに、法律で令状なしで逮捕できる緊急逮捕を規定することが、矛盾することになるかという問題が生じる。刑事訴訟法は、憲法を前提にして制定されているが、緊急逮捕は憲法と矛盾しないという考え方でつくられている。しかし、文言上からいえば、緊急逮捕をもうけるのは無理のようにも思われる。

違憲審査　こうした矛盾が生じた場合にどうすべきか。憲法八一条は、最高裁判所が、一切の法律、命令、規則または処分が憲法に適合するかしないかを決定する権限を有すると定めている。最高裁判所は、この権限によって、刑事訴訟法二一〇条が憲法に反するか否かについて憲法に違反しないという判断を下した（最高裁大法廷昭和30・12・14判決刑集九－一三－二七六〇）。この違憲立法審査権によって、憲法と法律、命令ほかの下位法との矛盾は解決されることになる。もし法律が憲法と矛盾するのであれば、法律を改めなければならないことになる。このことは、憲法の制定前から存在していた法律についてもいえることであり、憲法が制定されるにあたって、憲法と矛盾する内容をもつ法律は廃止されたり改正されたりした。その最も代表的なものは、右にもあげた刑事訴訟法と民法第四編、第五編であり、それぞれ全文がすっかり新しくつくられた。憲法は頻繁な変更は好ましくないとして一般の法律より改正が難しくなっている（憲九六条参照）。これは憲法のような国家の基本にかかわることについては、その時々の支配的な見解（多数決）によって改めるのは好ましくないとする考え方にもとづいている。現実にわが国の憲法は昭和二一年に制定されてから一度も改正されていない。そのため憲法といえども、時代の要求を反映すべきであるから改正すべきだという考え方もある。さらに憲法が古くなった場合には、新しい時代の要求を反映した法律の方を尊重すべきで、古い基準で軽々に違憲の判断をすべきではないとする意見もある。

これまで最高裁判所が法律を憲法と内容的に矛盾するから違憲であるとしたことは、それほど多くはない。新しい時代の要求を盛りこんだ法律を尊重しているという見方もできるが、法律は制定にあたって法制局による審査を経て、憲法との整合性を考慮して慎重につくられるから、憲法との衝突は生じてこないという見方をすることもできるであろう。なお、国家法ではないが、条例についても、憲法に反しないか否かの問題が生ずる（たとえばデモ行進取締のための公安条例）。

前法と後法

法律相互間で、矛盾が存する場合の解決ルールの一つとして、「後法は前法を廃す」というのがある。つまり、ある事項について新しい法律ができれば、それと矛盾する前法は、後法に優先されるというものである。実際には、新しい法ができれば、それに伴って前法は正式に廃止する旨規定することが多いが、そうした廃止規定がなくても、後法が優先するというものである。この意味は、いうまでもなく、新しい法を優先しようとするものであり、後のものを優先する考え方は遺言についてもとられている（民一〇二三条）。

一般法 特別法

法律相互間に矛盾がある場合の優先ルールとして、特別法は一般法に優先するというのがある。一般法というのは、法の定め方について抽象度の高いものをいい、特別法というのはより具体性に注目してつくられた法をいう。ある事項について、一般法と特別法が存在していれば、特殊性に注目してつくられた特別法を優先して適用するというものである。たとえば、賃貸借契約の期間について民法は二〇年を最長とし（六〇四条）、借地借家法は土地については最低期間を三〇年としている（二条）。両法は全く矛盾するが、民法よりも、借地に注目してつくられた特別法である借地借家法が優先するのである。この点は、前法と後法でも解決できる。明治二九年の民法よりも、平成三年の借地借家法の法が後法として優先するのである。

この逆の場合の問題がおきる。特別法が先にあって、後で一般法ができた場合、前法―後法でいけば一般法が優先することになるが、一般法―特別法でいけば特別法が優先することになる。こうした場合については、一般後法は特別前法に優先しないというルールがあり、後法優先でなく特別法優先によるのである。

民法と借地借家法のような場合には、一般法と特別法の区別はやさしいが、実際上はどちらが特別法かが明確でないこともある。たとえば恩給受給権の差押えの可否をめぐって、以前恩給法と民事訴訟法旧規定のいずれが適用されるかが争いになった。実際上は立法の際、抵触しそうな規定との関係を調整する規定をおくことが多いが、そうした規定がない場合には、いずれが特別法であるかの判断をしなければならない。このほかにも、行政組織上の権限の有無による衝突の解決という方法もあるが、立法上の問題であるため省略する。

法律と命令　次に法律と命令の関係についてみていこう。命令は通常法律の委任にもとづいてつくられるし、実際上は法律案を作成した所管の官庁が命令をつくるから、相互間の矛盾は回避されることが多い。それでも法律と矛盾するのではないかと考えられる命令がある。たとえば、特定商取引法は、訪問販売によって物を買った者は、八日間に限って無条件解約（クーリング・オフ）ができるとしていた（九条）。ところが法施行規則では、代金の全額を支払った場合には解約権はない旨の規定をおいていた（六条一項一号）。これに対して、法律の認めた無条件解約権を、代金全額払の場合に制限することを施行規則で定めることはできないとする批判があった。なお、法律が改正されると当然それに従って命令も改正される必要が出てくる。これは両者間の矛盾をなくしようとすることからきている。

3　国家法と自治法

国家法と自治法が衝突した場合どうなるかについては、すでに第8章でみたが、地方自治をどこまで尊重するかと関連する。このうち、国家法と地方自治体の条例の関係については、条例が「法令に違反しない限り」となっている（地自一四条一項）から、法律が優先することになるが、地方自治体固有の事務についてまで法律で定めうるかという問題がある。その他の団体については、なるべく自治法を尊重するというのが一般的傾向であるが、国家法のうちでも憲法に反するような自治法については効力が否定されることもあるであろう。

4 国家法と国際法

条約の批准　国際法は、国家間で締結される条約法のかたちをとることが多いが、この条約が国家法（国内法）と衝突する場合、いずれを適用すべきであろうか。条約は、二国または多国間で交渉のうえ締結されるもので、国会により批准（憲六一条、国会法八三条の二）されることにより発効する。条約は、いくつかの段階で、慎重な審議を経るから国内法と衝突することは少ないといえるが、それでも最終的には政治的な妥協を余儀なくされることもあり、国内法との抵触の可能性もないとはいえない。通常は、批准に先だって、国内法を条約にあうように改正するかたちがとられる。国内法のなかでも、法律にとどまらず、憲法との衝突もおきてきうる。国際間で締結された条約が、国内法に抵触するとして効力を否定されれば、国際的な信義にも反するという面とともに、国際間の合意により国内法の基本がくずれてしまうのはおかしいという面もある。実際に問題となることは多くはないが、難しい問題といえるであろう。

5 日本法と外国法

適用法規

ある事件に適用されるべき法律が、日本法なのか、外国法なのかという問題が生ずる。

刑事法では、日本国内（日本船舶、日本航空機を含む）において罪を犯した者には、何びとであれ刑法を適用するとしているから（刑一条）問題はないが、取引、事故、家族関係などについては、外国人が当事者の場合、日本法を適用できるかという問題がある。日本法と外国法とが同じ内容であれば、いずれを適用してもかまわないが、違いがあって、いずれを適用するかによって結論を異にする場合には、適用法規を決める作業が必要となる。

適用法規の決め方にも、いろいろあり、当該事件にもっとも関連性のある法規を選ぶという方法と、適用法規を決めるルールをあらかじめつくっておいて、それによって決めるという方法である。わが国では、法例（明治三一年）という適用法規決定のための法律があったが、平成一八年に法適用法と名前を変えて改正された、こうした適用法規を定める法を、国際私法と呼んでいる。

日本法を適用できるか否かが争われるのは、外国人が法律関係の当事者として登場する場合が多いが、日本人の間で外国において発生した法律関係の場合にも問題になる。いずれにしろ、きわめて複雑な問題が生ずることが多い。

準拠法

当事者間で、どこの国の法律によるかが定めてあれば、原則として、その国の法律による。外国との取引においては、事前に適用すべき法律（準拠法）を定めておくことが多い。しかし、準拠法として選択された法の内容が、日本法の公序と衝突する場合に、その適用が認められるかという問題が生ずる（法適用法四二条）。

準拠法が定められていない場合には、法適用法により法律関係の性質に従って適用される法規が決められる。決めるにあたっては、当事者の本国法によるか、住所地法によるか、事実の発生した場所の法（行為地法）によるか、目的物所在地によるとかといったように、国籍、住所、場所といった点（連結点と呼ばれる）を根拠にする。たとえば、婚姻の要件について、各人の本国法によるとされ（法適用法二四条）、離婚については、その原因の発生した時点の夫の本国法による（法適用法二七条）とされている。家族に関する事項については、従来夫の本国法によるとしている場合が多かった。相続については、被相続人の本国法により（法適用法三六条）相続人の範囲、順位、相続割合、単独相続かが定まるとされている。このように、国籍が重要な意味をもっているが、国籍については、国籍法で定められている。

本国法が外国法である場合、裁判所は、その外国法を調査し、それを当該国の裁判官と同じように適用しなければならない。ここでも、その外国法が日本法と異なるばかりでなく、日本の公序と衝突する場合がでてくる。そのため、外国法が日本の公序良俗に反する場合には、その外国法を適用できないとされている。

行為地法　自動車事故とか、航空機事故のような事故（不法行為）については、その原因たる事実が発生した地の法律（法適用法一七条）による。ただし、発生した外国においては不法行為になっても、日本法では不法行為でない場合には、適用されない。航空機事故では、乗客の死傷事故が多いが、乗客の場合には、航空会社との運送契約によるものとして、契約法上の問題として処理されることになる。

こうした適用法規の決定の問題は、日本の裁判所で問題になった場合についてであるが、適用法規を定めるルールそのものが国によって異なる場合に、どのルールによるかということも問題になりうるが、一般に法廷地法によるとされている。同様に、裁判所の訴訟手続をどの国の法律によるべきかも問題になりうるが、手続きについても法廷地法によることになっている。

これまでみたように、日本法と外国法のいずれを適用するかについては、以上のようなルールにもとづいて定められ、法の衝突を解決している。

【参考文献】

＊林修三『法令用語の常識』（日本評論社、一九五八）

法制局のエクスパートによる解説。

山田鐐一『国際私法〔第3版〕』（有斐閣、二〇〇四）
　国際私法のあらゆる問題を体系的に整理した六〇〇頁を超える権威のある書。
櫻田嘉章『国際私法〔第5版〕』（有斐閣、二〇〇五）
　新しい問題動向をまとめて解説するすぐれたテキストブック。

13 法と道徳

1 法と道徳の関係

法は、道徳と密接な関連にある。法で禁止されていることは、殺人にしろ、窃盗にしろ道徳上も悪いとされていることが多い。しかし、法で禁止されていることは、必ずしも道徳的に非難されるべきことばかりとは限らない。交通法規や、取締法規に違反しても、とくに道徳的な非難を受けるわけではない。

法は最低限の倫理

守る側からいえば、法を守っていることは必ずしも道徳的だというわけではない。法に違反しないことは、道徳的には無色だということができる。窃盗をしない、交通違反をしないからといって、道徳的だという称讃をうけることはない。つまり、道徳の方が法よりはレベルが高いといえるであろう。この意味で「法は、最低限の倫理である」という表現（G・イエリネック）は適切であろう。

また、道徳は、これを守る動機を問題とするのに対して、法律は、外から見て守られているか否かだけを問題とするともいわれる。道徳の内面性と、法の外面性として比較対照される。

本章ではこのような関係にある法と道徳について種々の面から考えることにしたい。とくに、法の命ずるところと、道徳の命ずるところがくい違う場合、法と道徳のいずれに従うべきかという問題（悪法論）を中心に考えることにしたい。その前に、両者の関係について考えておきたい。

2 道徳と法的制裁

法は、道徳的に非難さるべきことのすべてを禁止しているわけではない。たとえば、うそをつくことは、道徳的には非難さるべきことであるとされているが、法はうそをつくことそのものを違法であるとはしていない。人をだまして、害を与えれば、詐欺（刑二四六条、民九六条）として、偽証をすれば偽証罪（刑一六九条）として法律上の制裁を受けるが、実害のないうそは、法律上の問題とはされない。

姦通罪　戦前、わが国には、姦通罪があり、有夫の婦が姦通した場合、処罰されるとしていた（旧刑法一八三条）。しかし、夫の姦通を罰しないで、妻の姦通だけを罰することは、憲法一四条（法の下の平等）、二四条（両性の平等）と両立しないため、これを削除するか、夫も処罰するか（両罰論）が争いになり、議論の結果、姦通罪を廃止することになった。これにより姦通は、法的には無色のものとなった（ただし、民法七七〇条一項二号は、不貞の行為を離婚原因としている）わけであるが、姦通に対する道徳的な非難までもとり去ったものではない。姦通（いわゆる不倫）を道徳的に悪いと考えることはできるのであり、これに対して法的な制裁をもって臨む必要がないというにすぎない。

道徳と法的制裁

この点については、法律家の間で法と道徳をめぐる争いがある。ある人々は、法の立場と道徳の立場を分けて、道徳的に非難さるべきことのすべてに対して、法的な制裁を加えるべきではないとするのに対し、他の人々は法は道徳を支えるべきものであるから、道徳的に非難すべきことには法的制裁をもって臨むべきだとするのである。前者の考え方の人々は、道徳は法的制裁があるから守られるのでは道徳としての意味はなく、自発的に守られてこそ意味がある（内面性）とするのに対し、他の人々は社会の大部分の人々が道徳に反すると考えることについては、法の制裁を加えるべきだとするのである。この論争は、一九五〇年代にイギリスで、同性愛とか売春といった、他人に害を与えない行為の処罰をすべきか否かをめぐって争われた。前述の姦通罪の存廃についても同じよう考えられる。問題は、何が道徳的に非難さるべきかについての人々の意見が分かれていることであり、しかも意見が時代とともに変化することにある。そうなると、道徳の問題に、法が登場しない方が賢明だともいえる。

自然犯と法定犯

道徳的に非難さるべきことが、同時に法的にも非難さるべきこととされているものと、道徳的には無色であるが、法が制裁を加えているものとがある。前者には、殺人、傷害、窃盗といったものがあり、自然犯と呼び、後者には、交通法規違反、無許可営業といったものがあり、法定犯と呼んでいる。自然犯というのは、人類不変の自然法に違反するものを法律も禁止しているというもので、法があろうとなかろうと非難さるべきものをいう。これに対して、法定犯は法が一定目的から刑罰を科しているもので、非難可能性は、法そのものがつくり出しているもので、法がなくなれば、非難可能性もなくなるというものである。もちろん、両者の間に、種々の中間形態があり、自然犯から法定犯的になっていくものと、逆の方向へ動くものとがある。

自然犯、法定犯という区別は、法と道徳を考えるにあたって有益なものといえるであろう。

3 悪法論

次に、悪法論について考えよう。悪法といっても、さまざまなものがある。たとえば、法が正義に反する場合、法が社会常識に反する場合、法が社会の風習に反する場合などである。いずれも、人々が守るべきであるとされている法の内容に問題があって、自発的順守が躊躇される場合の問題である。国家が定めた法律である以上、有無をいわさず順守すべしというのは原則であるが、法の内容が正義に反したり、社会常識に反したり、社会の風習に反したりする場合、法が順守されないことがおきてくる。そこで、悪法は法ではないから守らなくてもよいという、法に対する大胆な挑戦がでてくる。こうした批判を受け入れ、悪法は守らなくてもよいとすることは、法秩序を維持する立場からはとうていとりえない。法である以上、悪法であっても守るべきだという立場に徹するほかない。それにもかかわらず、悪法であることを理由とする法違反（不服従）が生ずる場合、国家はいかなる立場をとるべきであろうか。いくつかの例をあげて考えてみたい。

4 正義に反する法、社会常識に反する法

古くは、ギリシャにおいて、アンティゴーネ（ソフォクレスの同名の悲劇の主人公）やソクラテスのような、不当な国法への不服従の問題があった。アンティゴーネは、兄弟を葬ってはならないとする不当な国法に敢然と挑戦したのに対し、ソクラテスは、アテネの青年を毒したとして受けた死刑判決に従って、従容《しょうよう》として毒をあおいだ。

ソフォクレスの「アンティゴーネ」とソクラテス

テーバイの王クレオンは、敵であったポリュネイケスを葬ることを禁止したにもかかわらず、先王オイディプスの娘アンティゴーネはこれに反抗して、ポリュネイケスを葬るのは当然として、埋葬した。クレオンは命令に違反したとして処罰し、アンティゴーネは自ら死を選んだ。またソクラテスはアテネの青年たちによく生きるためのすべを教えていたところ、市民たちが青年を毒するものとして、ソクラテスを裁判にかけ、アテネ市民はソクラテスに死刑判決を下した。クリトンは、ソクラテスをなんとか逃がそうとしたが、ソクラテスは判決を受けいい入れ、自ら毒杯をあおいで死

んだ。不当な判決にも従わなければならないかという問題を突きつける例である。（プラトン「ソクラテスの弁明」「クリトン」久保勉訳岩波文庫）

法が正義に反する例としては、人種差別法がある。人種による差別は徐々にではあるが、撤廃の方向にある。それでも現在も、あるいはつい最近まで、人種だけを理由として、不当な差別をする法が存在している。たとえば、非アーリア人種に対する断種を命ずるナチスの法律とか、黒人に対しては公民権を与えないとしたアパルトヘイト下の南アフリカの法律などは、もっとも極端なものである。こうした法律の順守を要求された場合、人々は正義に反する法律には従えないとして順守を拒否すべきか、それとも法律である以上、順守すべきかをめぐって争いが生ずる。敢然と挑戦すれば、投獄されたり、職を追われたりするが、こうした不正な法律に従うことは、良心が許さないという場合である。こうした法を犯したとして起訴された者を裁くことになった裁判官の立場を考えてみてもよい。

裁判官である以上、いかに不当とはいえ、国家の法であるから、適用するという立場を貫くか、あまりにひどい内容の法律は適用できないとして、職をかけて法の適用を拒否するかである。

進化論の教育禁止

第二は、法律が、社会の常識や風習に反する場合である。一九二〇年代アメリカのテネシー州では、神が人間をつくったという信仰にもとづいて、人間が猿から進化してきたとする進化論を学校で教えることを禁止する法律がつくられたことがあった。人間の進化ということは、ほとんど確立された常識ともいえることであるにもかかわらず、これを教えることを禁止したのである。この法律に違反して進化論を教えた教師スコープスの裁判（一九二五年テネシー州）において、この法律を適用すべきか否かが争われた。科学の常識からいえば進化論を否定するのはバカげている。しかし法律が禁止している以上、法の適用を拒否するわけにはいかない。陪審は有罪としたが、後に州の最高裁判所はこれをくつがえした。六〇年代になっても同じような進化論裁判が行われている。

5 悪法論の問題点

悪法論は、相当難しい問題を含んでいる。まず悪法かどうかを誰が判断するかである。右に例示した法はおそらく誰の眼からみても悪法といえるであろうが、実際には、このように極端な法律ばかりが問題になるわけではない。自分にとって都合の悪い法を悪法であるとして論ずる人々も多い。たとえば、ある事業に携わる人々が、それに関する規制法がつくられることにより、これまで享受していた利益を制限される場合、悪法であると主張するのは、自分たちの利益に反するからである。規制法は、そういう人々に不利益を与えることだけを目的とするものではなく、何らかの公共的利益を目標とし、その反面として事実上ある人々に不利益が及ぶにすぎないことが多い。悪法だというのは、法の不当性を指摘するための説得的な用語であるということもできる。

都合が悪いというにとどまらず、社会の利益あるいは人々の基本的な権利を侵害するような法律について、悪法であると主張されることがある。戦前の治安維持法（大正一四年制定）はその例である。この法律は、思想の自由、結社の自由をきわめてきびしく制限するものとして批判されたが、拡大運用され、学問の弾圧にも使われた。こうしたものについては、単にこの法律により処罰されたり逮捕された人々に対する侵害というだけではなく、思想の自由、学問の自由に対する重大な侵害をするものとして、悪法といいうるであろう。

次に悪法であることが明確であるとして、これに対して服従しなくてもよいといえるかについて考えてみよう。ソクラテスのように悪法であるが、国法である以上服従すべきだと考えるか、それともアンティゴーネのように悪法に抵抗すべきか、である。

殉教者と確信犯

法の命ずるところが、自己の良心により服従できなければ、たとえ制裁をうけても、良心に従い、法を順守できないとする態度は、モラルのレベルにとどまらず、ヨーロッパの宗教改革以来、欧米において宗教的寛容が定着するまで、しばしば見られた。自己の信念にこそ忠実でなければならず、法に違反し、刑罰を受けてもかまわない、むしろ進んで受けようとする態度さえ生まれる。いわゆる殉教者である。さらに進んで、法に違反することこそ、自己の信念を貫くことだとする確信犯の問題もある。こうした自己の信念を法より上位におく人々に対しては、たとえ法が重罰を加えても無力である。また自らの信念からあえて法に違反する人々に対して、悪法だから従わなくてもよいという議論は通用しない。

　悪法に対する抵抗としては、受動的なものと攻撃的ともいえるものがある。受動的で、非暴力的な抵抗というのは、悪法であることを十分知りつつ、ぎりぎりまで抵抗をするが、法の制裁を、抵抗せず受けようとするものである。インド独立の父ガンジー（一八六九－一九四八）や、アメリカの公民権運動の指導者M・L・キング（一九二九－一九六八）の態度は、これにあたるであろう。

悪法への抵抗

　それに対して、悪法に敢然と挑戦し、ときには力でもって抵抗する態度も考えられる。しかし、これは単なる悪法への抵抗にとどまらず、法制度そのものへの反逆の意味をもつ。近代の欧米では圧政に対する抵抗権という考え方があり、圧政の経験をふまえて抵抗権について法律上の規定をもうけている国もある。あるいは圧政に対する革命権といってもよいであろう。こうした抵抗や革命を権利として承諾することは、法制度にとってはきわめて難しい。自己否定になりかねないからである。

　悪法に対しては悪法の廃止ないし改正に向けた行動をとるべきであろう。専制ないし圧政の下においては、廃止とか改正といった生やさしい手段はとうてい通用しないであろう。しかし、たとえば、憲法との抵触とか、内容の不当性を理由として、悪法の効力を争うことはできるであろう。とくに、裁判所においては、適用すべき法律について争いうるわけであるから、悪法とされる法律の不適用ないし制限的な適用を主張することになるであろう。とりわけアメリカ合衆国では、憲法に抵触することを理由として、法律や条例が無効とされることが少なくない。それと比較すると、わが国では、法律や条例が、憲法に違反するとして無効とされることはそれほど多くはない（⇩**12**）。法律制定の段階での、法制局による慎重な審査によるといえるであろう。

悪法論が登場するのは、決して好ましいことではない。悪法に対する攻撃が、法ないし法制度への不信につながることにもなりかねないからである。むしろいかにしたら悪法とされる法の出現を防ぎうるかを考えるべきであろう。そのためには、立法過程において、法の内容を厳重に審査することが必要である。また、法が時代おくれにならないように、アップ・トゥ・デイトにする作業も怠られてはならない（⇩**15**）。

【参考文献】

＊碧海純一『新版　法哲学概論〔全訂第2版補正版〕』（弘文堂、二〇〇〇）
法哲学の新しい動向を示す、現在では古典的な書。
笹倉秀夫『法哲学講義』（東京大学出版会、二〇〇二）
法哲学の動向を包括的にまとめた内容豊富な書。
笹倉秀夫『法思想史講義　上・下』（東京大学出版会、二〇〇七）
長谷川晃＝角田猛之編『ブリッジブック　法哲学』（信山社、二〇〇四）

14 法と常識

1 法における常識

法が社会生活に基礎をおくものであるとすれば、社会の常識を反映していることが望ましい。法の考え方は、まさに常識そのものといってもよく、いかめしい論理により出される法的な結論とはいっても、きわめて常識的なものが少なくない。しかし、ときには、法的結論や裁判に対し、非常識だとか、社会と遊離しているという批判、非難がなされることもある。これは常識のあいまいさにも原因があるが、法的解決の難しさを示すものともいえる。

さらに、わが国では常識と考えられている法が、外国法と比較すると、必ずしも常識とはいえないことがわかる。そして外国法との比較を通じて、わが国の法における常識を考え直すこともできる。

紛争解決における常識

法は常識に合致したものであるべきかという問題については、何を常識というかにかかっている。もし、法的紛争を常識だけで解決できるのであれば、法は必要としないであろう。実際に多くの紛争は、法によらず、常識によって解決されている。裁判になれば法による解決をしなければならないが、調停のような非公式の制度（ＡＤＲ）（前述七五頁）においては、法ではなく常識によって解決することに何ら問題はない。しかし、常識では解決できない場合には、法による解決をせざるをえない。常識では解決できないというのは、当事者間で何が常識であるかについて意見が一致しないということである。

社会の常識のほかに、ある社会においてだけ通用する常識といったものもある。たとえば、商人の間とか、ある業界（魚商、果実商）特有の常識というものである。こういう常識は、一般人からは、奇異に思われるものもあるが、そうしたグループに属する人々にとっては、あたり前のことと考えられる。

業者間の慣行

鮮魚、野菜など生鮮食品についての業者間の取引は、不良品の取り換え損害について業界で特有の慣行がある。取り換え中に鮮度が落ちたり傷んだりするため、多くはその場限りで金銭的に処理する形が多い。

2 法律・裁判と常識

常識との合致

法律の規定は、常識的なものが多い。ことばの表現はいかめしく、わかりにくいが、内容そのものは常識をあらわしているといってよい。たとえば、売買代金の支払時期について「売買の目的物の引渡しについて期限があるときは、代金の支払についても同一の期限を付したものと推定する」（民五七三条）となっていて、引渡しと代金支払時期を同じくするという一般常識に合致している。また、売買契約において手付が交付されたときは、手付損倍戻で契約を解除できる（民五五七条）というのもかなり広くゆきわたっている常識であるといえる。さらに、親族間での窃盗については刑を免除したり、告訴を必要とするとしているのは（刑二四四条）、常識に合致しているといえるであろう。

これに対して、書面によらない贈与契約を各当事者はいつでも撤回できるという規定（民五五〇条）になると、常識に反すると考える人が多いであろう。この規定は、贈与のような無償の契約を法的に強制することは好ましくないという考え方に基づくものである。贈与約束は書面にしなければ取消せるから、いくら約束しても構わないというものではない。このようにみれば、この規定も、非常識な規定とまではいえず、やはり常識の上にたっているといってよいであろう。

裁判と常識

次に、裁判と常識について考えよう。はじめにもふれたように、裁判に対して非常識だという非難はたびたびきかれる。そして、裁判官は世間から隔絶されているから、世間の常識がわからず、とんでもない裁判をするのだともいわれる。こうした批判はあたっている面もあるが、必ずしもそうはいえない。

裁判官は、自ら選んだ事件について判断するのではなく、当事者が裁判所に持ち出してきて、割当てらた事件について判断をするのである。当事者が訴訟として裁判所に持ち出すということは、それだけでも、解決が難しいことを示すものといってもよいが、裁判官はそれについての判断を迫られるわけである。訴訟になるのは、単純な法律の適用で片づかないものが多く、適用すべき法が欠けているとか、事実関係について当事者間にきびしい争いがある事件であることが多い。つまり事件そのものが常識的なものでないのである。そうした事件に対しては、とうてい常識では対処しきれない。このような事情を考慮に入れないで、裁判の結論だけを見ると、非常識と思われることもあるであろう。

裁判を、社会的な常識からみると奇妙と思われるものも、法律的にみると少しもおかしくないということもある。こうしたことはとくに手続きに関連していえることである。一般には手続きは何でもないことのように考えられているが、法の世界において、手続きは、きわめて重要な意味をもっている（⇩**7**）。一般常識から、権利があることが明確であれば、多少手続上の違背があっても大目に見るべきことになるような場合にも、法の世界では手続違背があると権利そのものが認められないこともある。なるべく一般常識にも合致するような裁判をすることが、望ましいのであろうが、かなり限界があるといえるであろう。

法律上の無理があるにもかかわらず、常識として受け入れられるような判決は、名判決とたたえられることがある。明治時代に、当時の金で一厘《りん》程度のたばこの葉を盗んだ者が起訴された事件において、一厘程度を盗んだからといって、とくに危険性があると認められる状況の下でなされたものでないかぎり不可罰であるとした判決があった（大審院明治43・10・11判決刑録一六-一六二〇）。この判決は、一厘事件として有名になり、名判決とされた。しかし、法律的に検討した場合、名判決といえるかどうかは別問題である。一厘事件の無罪を常識に合致したものとしてたたえることは簡単であるが、法律的には必ずしもそうはいえない。

一厘事件

ある煙草耕作者が、政府に納めるべき葉煙草（価格は時価一厘）を消費したところ、当時の煙草専売法に違反するとして刑事訴追された。わずか一厘の消費に刑罰を科しうるかが争われ、原審は有罪としたのに対して、大審院は「零細なる反法行為は犯人に危険性ありと認むべき特殊の状況の下に決行せられたるものにあらさる限り共同生活上の観念において刑罰の制裁の下に法律の保護を

> 要求すべき法益の侵害と認めさる以上は之れに臨むに刑罰法を以てし刑罰の制裁を加ふるの必要な」しとして、犯罪を構成しないとした。

このようにみてくれば、裁判を常識という視点から評価することは、かなり難しいといえる。より一般化すれば、素人うけのする判決は、法の専門家から高い評価をうけるとは限らないといえるであろう。

3　常識の変化

これまで、法律、裁判と常識との関係を考えてきたが、やや視野を拡げて、歴史を遡ってみたり、外国法との比較をして、法の常識を考えてみたい。

まず、常識の変遷について考えてみたい。明治以降のいわゆる近代日本を考えてみた場合にも、かつて常識と考えられていたことが、今日では自明とはいえなくなっていることのある反面、以前は自明ではなかったことが、今日では常識と考えられている。前者の例としては、力の差のある当事者間で一方当事者が有利な地位を利用して、相手方に不利な契約条件をおしつけることは、以前は当然のことと考えられていたが、今日では優越的地位の利用に法的規制が加えられるようになっている（独占禁止法二条九項5）。以前はあたりまえとされていた尊属の殺人を重く罰すること（刑二〇〇条）も、今日では最高裁判所により違憲とされ（最高裁大法廷昭和48・4・4判決刑集二七－三－二六五判決）、刑法二〇〇条は廃止された（平成七年）。後者の例としては、婚姻届をしていない内縁の夫婦に対する保護が、いくつかの法律により承認されるにいたっていることがあげられる。外国では非婚とか同居（cohabitation）が、社会的にも承認されるにいたっている。

また、以前、欧米では、生命保険は生命に対する投機であり、犯罪の誘因となるから不法だとされていたことがある。今日では生命保険を不法とする考え方はない。

このように、年月の経過による常識や世論の変化が、法にも反映してきている。

4 法の比較

次に外国法と比較して、法における常識を考えてみよう。法は、社会統制の技術であると表現されることがある。もし法が技術であるとすれば、機械のように外国から輸入して使うことができるはずである。たしかに、明治初年わが国で近代的な法制度が整備された頃には、外国の法制度を技術のごとく受け入れ、それを使いこなしていくという過程をたどった。

モンテスキューと比較法学　しかし、法は、やはり風土の産物であり、その国に適したもの、必要なものがあることを考えると、技術と同じように考えるわけにはいかない。諸国の法律を比較検討して、法の風土学ともいうべきものを築き上げた人としては、フランス啓蒙時代のモンテスキュー（一六八九―一七五五）が有名である。モンテスキューは、『法の精神』（一七四八年）という大著において、各国の法を興味深く比較している。この本は、法がきわめてヴァラエティに富むということを豊富な実例で示し、そうした特色を風土に結びつけて説明している。

モンテスキューにより始められた法の比較は、二〇世紀に入ってきわめて盛んになり、比較法学として確立された。比較法は、法の違いに注目するとともに、法の共通性、普遍性により関心をもつ。一般的にいえば、取引の分野では、きわめて普遍的な傾向（共通化）がみられるのに対し、土地の権利とか、家族関係、相続については多様性がうかがわれる。

比較法学は、単純に法と法の比較をするだけでなく、違った法が同じような役割をしているのではないかとか、法の相違がどのようなかたちで生じているのかなどにも関心をもつ。そうした比較を通じて、法をつくる場合に、外国ではいかなる法が行われているかを研究して、参考にするといった実際的な役割をも果たしている。

5　法のヴァラエティと普遍性

法を比較することによって得られるもっとも大きな教訓は、法における常識の相対性である。ある法制度において自明とされていることも、外国法と比較してみると、単なる一つの考え方にすぎないことがわかる。

たとえば、金を貸して利息をとることは、自明のことと考えられるが、イスラム法においては、イスラム教の教理を受けて利息をとることが禁止されている。

また、離婚も、わが国では、これを禁止したことはなかったが、つい最近の改正がなさるまで、欧米のかなり多くの国（とくにカトリック教会の影響の強い国）で、離婚は禁止されていた。離婚の自由化という近時の傾向は、離婚の自由ということが、かなり常識化しているものということができるであろう。

もう一つつけ加えるとすれば養子である。わが国では、養子は養子縁組をしても、実親との関係は断ち切られないかたちになっているが、諸外国では、実親との関係を断ち切る養子（特別養子）の制度をもっている。したがって、養子といえば、実親と養親を考えるというのは、決して普遍的な常識とはいえないのである。こうした考え方をとり入れて日本でも昭和六二年特別養子制度（民八一七条の二以下）がもうけられた。

土地の権利

土地に関する権利関係も、国によってきわめて特色がある。わが国では、明治維新後、近代的な土地所有権制度をつくり上げ、それを中核として、私有財産制度を組み立てているが、こうした建て前は決してどこにも見られるものではない。土地について所有権という単一の権利ではなく錯綜した権利が存在する法制度のままのところも少なくない。土地の権利は、とりわけ歴史的な制約の残存する領域だからである。

取引法

これに対して、取引に関する法は、多かれ少なかれ合理的であるため、普遍的な傾向がみられる。たとえば、契約がいつ成立するかとか、契約違反に対する制裁が何かについては、細部についての差にもかかわらず、おどろくほど似ている。取引の国際化とともに、ますます普遍化の道をたどることになるが、こうした類似は、国際的な取引が盛んになる以前から存在していた点は大いに注目される。

自動車事故法

他人に損害を与えた場合の賠償責任に関する法も、細部を別とすれば、共通の面がある。とりわけ、自動車事故による損害賠償責任法や、製造物の欠陥により生じた損害についての厳格な賠償責任法は、欧米諸国において普遍的なものとなっている。日本でも、平成六年やっと製造物責任法が制定された。もっとも、製造物責任法は、明らかに相互の影響に基づく類似である。

こうした普遍性があるとすれば、こうした常識を基礎にして、統一した法をつくれないかが問題になる。現実に、手形法、小切手法については一九三〇年、統一条約が採択され（ただし英米法系圏の国は参加していない）、それが少しずつ修正を加えられているが、各国で法として行われている。また国際間の取引のはげしい、動産の売買についても統一法がつくられている。

しかし、普遍的傾向をもつ取引法の分野においてすら、国際物品売買契約に関する国際連合条約CISG（平成二〇年）以外の統一法は進んでいない。法というものがいかに強く国家の利害を反映するものかを示すものといえる。
それにもかかわらず、今日では新しい法をつくるにあたっては、外国でどのような法が行われているかと無関係に作業をすすめている国はないといえるほどに、法の普遍化への道は進んでいるといえる。

【参考文献】
五十嵐清『比較法ハンドブック』（勁草書房、二〇一〇）
比較法について学ぼうとする者にとっての手引書。きわめてインフォーマティブ。
＊北村一郎編『アクセスガイド外国法』（東京大学出版会、二〇〇四）
世界各国の法を調べるための便利な手引書。

15 法と社会変動

1 法と急激な社会変化

現代は、めまぐるしい社会変動の時代だといわれる。加速化時代といわれるように、社会の動きはますます速さを増しているともいえる。

法が、社会に基礎をおき、社会情勢を反映していくべきものであるとすれば、社会変動に伴って法も変化していかなければならない。ところが、法はいったんつくられると、様々の利害関係が生じてくるため、簡単に変えることはできない。大規模な法律改正が行われることはきわめて稀である。

現在行われている法、とくに基本法のかなりの部分は、戦前しかも明治、大正時代につくられたものが多かった。こうした古い法律（カタカナのままのもの）もあったが、平成時代になって刑法につづいて、民法でも現代語化された。法律はその後の補修、改正作業によって何とか使えるし、法そのものがきわめて抽象的なかたちで、社会関係を規制するものであるため、かえって古くならないという面もある。しかし、あらゆる社会変化に即応しきれるものではないことはたしかである。

そこで法が、どのように社会変化に適応していくべきかを考えることにしたい。それとともに　法が社会変動を導いていく面をも考えていくことにしたい。

2 法の保守的傾向

めまぐるしい社会の変化により、法がつくられた時点で予想もされなかった事態が生じてくることがありうる。そうした場合、法の側での素早い対応が必要とされる。しかし、現実にどうかといえば、迅速な対応がなされることはむしろ稀である。なぜ法は社会変動に素早くついていくことができないのであろうか。いくつかの要因が指摘されうるであろう。

法の安定と保守性

第一は、法そのものの保守性をあげることができる。法には、新たな事態への対応ということも大切であるが、それ以上に、むやみに改正しないという安定性が必要とされる。朝令暮改ということばにあらわされるように、法を頻繁にかえることは法そのものと矛盾する。法に多少不都合な点があっても改正するに十分な理由がないかぎり、変えるべきではないという見解もある。これは、法律家の保守性と結びつく。法律家は、何かにつけて保守的、現状維持的だと非難されるが、法を変えることの難しさと、法を変えることによる影響の大きさを知っているからともいえるであろう。

法と利害関係

第二は、法はいったんつくられると、その上に種々の利害関係が積み上げられ形成されていくため、そうした利害関係をもつ人々が、法を改めることに反対するという面も見逃せない。もっとも、こうした既得権益をどこまで尊重すべきか自体大きな問題であるが、いずれにしても既存の法には種々の利害関係がからんでいることを忘れてはならない。

法解釈と運用

第三に、法の改正がなされなくても、裁判上の運用で何とかきりぬけていくことができることも、法の改正を遅らせる要因の一つといってよい。法の解釈という操作は、いっこうに改められない古い法を操作して、新しい状況に適用する技法だということもできるであろう。

法律改正がなされればそれにしたがうべきであるが、すでに生じていた事態に対しては、後の法によることなく改正法を適用しないとする考え方があり、既存不適格といわれる。たとえば、消防法による防火基準がきびしく改正されても、古い既存建物には、さかのぼって適用しないとされている。法改正の困難さを示すとともに、その影響をやわらげる手法である。

既存不適格という現象

建築物、施設などについての安全基準が、耐火、耐震のために、より厳しく改訂されるとそれ以後の建築物に適用されるが、それ以前の（既存の）ものについては新しい基準に従って改築せよとまでは言えない。そうした既存のものが新しい基準によって不適格になることを、既存不適格とよぶ。新しい基準に合わせるように命ずることは法律を遡及して適用することになるため、不適格のままに放置されることになるが、安全上からは問題が残る。

3 社会変動への法の対応

このように法の保守性があるとしても、現実に新しい現象が登場してくれば、これに対する法規制が必要とされる。また、社会の人々の価値観が変われば、それに応じた法の改正が必要となる。さらに、経済力が巨大化し、企業の集中がすすめば、やはりそれらに即応した法規制がなされるのが望ましい。割賦販売や訪問販売といった新しいかたちのビジネスが登場してくれば、これに関する対応策をとる必要が出てくる。

以下で、いくつかの事例により社会変動に対する法の対応についてみていくことにしたい。

交通・通信の発達

第一は、交通、通信手段の発展が法に及ぼした影響である。これは、近時まことにめまぐるしい発展をしており、今後どうなるか予測ができないといってもよいほどである。まず交通事故についてみれば、ヨーロッパでは交通取締の最初は、スピードを上げて市中を走る馬車であったといわれる。戦前のわが国の判決の中にも、馬車の馬があばれて他人に危害を加えたといったものがみられた。ところが現在の主役は、自動車であり、列車や航空機という大量輸送機関である。それにより事故は量的にも激増し、一度に大量の人々が死傷する事故も稀でなくなっている。これに伴って交通事故の責任をめぐる問題は、一躍複雑な発展をとげるにいたっている。

通信についていえば、いわゆるニューメディア時代に入り、著作権とか、特許権といった権利が大きな変容をうけるほか、コンピュータによる商品の流通ルートの把握が容易にできるようになり、流通ルートの監視が利くようになっている。さらに、民法の契約は、隔地者でなされる場合には、相当日数がかかることを前提としているが、通信手段の発展は、これを著しく短縮した。また、代金の支払といったことも、銀行口座間の振替というかたちで、できるようになり、株券、公社債のような有価証券も、紙として姿を消すものが出ているところまできている（ペイパーレス）。

新しい財産権

第二に、財産権の変容である。これまでは財産といえば、土地とか建物さらには貴金属といった物が中心であった。近代法はすでに、こうした物に対する権利から、他人に対する権利（債権）へと財産形態の変容を示していた。現在では、債権からさらに進んで、ソフトウエアとかノウハウといった無形の知的な工夫が財産（知的財産権）として大きな価値をもつようになっている。大正初めには、蠟盤（レコード）に吹きこまれた浪花節を無断で複製販売しても、定型性、創造性がないとして、著作権侵害にならないとされたことがあった（雲右衛門事件、大審院大正3・7・4判決刑録二〇-一三六〇）のと比較すると、まさに今昔の感がする。

土地利用の高層化

第三に、土地利用の高層化に伴う共同住宅の増加がある。区分所有建物（いわゆるマンション）についての法律としては、以前、区分所有建物そのものが少なく、あっても長屋式のものであった場合にはさしたる問題はなかったが（民二〇九条—廃止された）、昭和三〇年代に入って、大量に区分所有建物が登場してくると、種々の問題をもたらすようになり、昭和三七年に、こうした事態をうけて「建物の区分所有等に関する法律」を制定したが、その後の区分所有建物（とくに高層化、団地化）の増加によりますます問題が複雑化し、昭和五九年にこの法律の大改正をした。

価値観の変化

第四は、社会の価値観の移り変わりである。これは、とりわけ家族法の分野に著しい。親子、扶養に対する考え方が大きく変わっただけでなく、夫婦の関係も、変わってきている。法律上は届出をしないと夫婦とはみなされないが（民七三九条）、そのことを承知のうえで、婚姻の届出をしないカップルが相当数生まれている。そうなると、そうした法律上の婚姻をしていない男女をどのように扱うかという問題が生じてくる。いわゆる内縁については法律上、婚姻関係に準じて扱う方向は出て来ているが、必ずしも長期間を予定しないような関係についてもおし及ぼすべきかという問題がある。また同性のカップルを結婚と同じように扱うかも争われるようになっている。

さらに法が前提としている男女差別（婚姻年齢（民七三一条）再婚禁止期間（民七四六条）など）もジェンダー法の観点から批判されている。

販売・取引の多様化　第五は、新たな販売方法、経済取引、インターネット取引の隆盛である。物を買いに来る人を待っているのではなく、積極的に売り込むというセールスが盛んになり、さらには街頭やホテルで、販売をする方法（訪問販売）が盛んになってくると、従来のような売買法では処理しきれない問題が登場してくる。こうした新たな商法では、購入者に著しく不利益なかたちで無理に売りつけられるというものも少なくない。そのため、消費者、購入者を保護する法律（消費者基本法）（昭和四三年）消費者契約法（平成一二年）が制定されることになる。

4　新しい問題の法的処理

このように、われわれの身のまわりをみただけでも日々に新しい問題が登場している。こうした場合、法は迅速かつ的確に、新しい問題に対処しているであろうか。

一般に、法は必ずしも迅速な対応をしていない。往々にして、事実がはるかに先行した後やっと追随するといったかたちも少なくない。迅速に対応できない理由としては、先にふれた法の保守性ということのほかに、法技術的な困難があげられる。

コピーと著作権法　たとえば簡易な録音機械の普及により、録音用にレコードを貸す商売が登場した際、録音されることを知りつつレコードを貸すことが、著作権法に違反するかどうかが争われた。貸レコード屋では録音されているか否かは知らないというが、レコードの売り上げが減っている以上レコードを買わずに、借りて録音している者が多いと推定された。ただ、この場合、著作権者にどのようにして、コピーの対価を払うかは、法技術的に難しい問題になっている。音に限らず、映像についても、ビデオ機械で再生することができるようになり同種の無断コピーの問題が生まれている。

同じことは、コピー機械の普及により学術著作物の複写が簡単にできるようになり、せっかく苦心してつくり上げられた著作物が、著作者への対価なしに、複写され利用される事態を生じている。この場合にも、コピーする者から対価をとることは技術的に難しいが、平成一二年に著作権等管理事業法が制定され著作権の集中処理機構が誕生して著作権料配分がなされるようになった。

医療の進歩

また、医学の進歩は、生や死についてこれまでとは違った問題をつきつけてきている。たとえば、人工授精、体外受精といった高度の医療技術の開発により、親子とは何かが問い直され、さらに脳死という考え方を前提として臓器移植が行われるようになると、死というものの考え方が、これまでとはかなりちがったものになりつつある。平成九年に臓器移植法が制定され臓器移植が行われている。こうした、従来予想もされなかったことに対してどのように、道をひらいていくか、あるいは規制を加えていくかは、法の重要な役割であるが、現実には、問題の難しさもあって、明確になってはいない。

新しい問題への対応

次に、法体系はある論理もとづいて築かれているが、それを修正するとなると、小さな手直しで済む場合もあるが、往々にして、基本構造にまで手をつけなければならない場合が出てくる。そうなるとどうしても、下位法令（命令）の手直しとか、解釈の変更とかによって切りぬけるかたちになる。しかし、それで問題が片づくわけではなく、かえって問題が複雑化し、結局は大規模な改正に追いこまれるという過程をたどる。

新しい事態が生じた場合、従来の法でカバーできるか否かが問題になることも多い。かつて（一九五七年）、原子力発電株式会社を新設するにあたって、政府機関を代表して電源開発会社が二〇%を出資することになったが、電源開発は「水力又は火力」による発電とされていたため、原子力発電が、これに含まれるかが問題になった。原子の火とか第三の火ということからいえば火力にあたるともいえるが、電源開発促進法の制定当時は、原子力発電は念頭になかった。しかし、国会の審議では、原子力発電も火力発電の中に入るとする政府の法解釈にもとづき、出資が行われた。立法当時、原子力を考えていなかったとしても、火力ということばにこれを読みこんで、原子力への道を開いたのであった。法律を「水力、火力または原子力」と改める方がよりよかったのかもしれないが、右のような解釈できりぬけたのである。

裁判所による適応

社会変動に対して、法を適応させていく仕事は、第一次的には立法機関の仕事であるが、裁判所もこの役割を果たしている。両者は、密接に連動していくことが望ましいが、実際にはなかなかうまくはいかない。立法機関は、政治的に動くことが多く、問題がよほど緊急でないと法改正として取り上げない。もっとも、実際のイニシアチブをとるのは、当該の問題の主務官庁であり、その提案があれば、すっきり国会を通過することもありうる。

主務官庁での準備自体が難航することもある。たとえば、コンピュータのソフトウエアの保護について、著作権とするか、特別な権利とするかは、文化庁でするか、通産省（現在の経済産業省）であるかの問題になり、いずれのワク組みで処理するかをまず決める必要があった。それがきまったあと、法的仕組みをどうするかについて、基本を定め、著作権法の改正がなされた。

これに対して、裁判所のとりうる方法は、既存のワク組みの中での調整をすることに限定される。裁判所自身が、新たなワク組みをつくり出すことはできない。それだけに、社会変動への対処にあたってできることは大きくはない。しかし、立法がおくれているような場合、裁判所が道筋をつけていかざるをえないこともある。その意味で、裁判所の主導性も生まれる。

これまで、社会変動が法に及ぼす影響についてみてきたが、この反対に、法が社会変動を導いていく問題も見落してはならない。強制力を伴った法によれば、人々の行動を相当方向づけることが可能である。

法による社会変動

わが国の場合でいえば、もっとも急激な法改革は、敗戦による新憲法の制定と、法体制をこれにあわせることから出発した。その際に、憲法が、社会を民主主義化する方向へひっぱっていったことは疑いのない事実である。また原子力や宇宙開発のような新しい分野では、法のワク組みが、新たな道をひらいていくといってもよい。それだけに、将来を見通した規制が必要といえるであろう。

16 財産の法

民法と民法典

民法は、法制度の中核をなす基本法である。財産に関する法と、家族に関する法に分けられる。私人間の関係は、財産という経済的価値に関する関係を扱うか、家族を主とした身分に関する関係を扱う。民法といえば、民法典（明治二九年）をさすが、民法典を補完する特別法（借地借家法、不動産登記法等）を含めて民法とも呼ぶ。民法典は明治時代に制定され第一—三編は今日まで一一〇年以上にわたり基本的な改正をされず行われてきている。全部で五編からなり、第一編は総則、二編は物権、三編は債権でこれを財産法と呼び、四編親族、五編相続は家族法と呼んでいる。

近時、民法のうち債権法についてかなり大掛かりな改正作業が進んでいる。

1 財産権

財産あるいは利益（権利）がだれに帰属するかに関するルール（権利者がだれか）、すなわち財産帰属に関するものは物権法と言われ、財産に対する権利の種類、物権、所有権、占有権、担保権、利用権などが規定される。

財産の帰属を前提として、財産取引によりこれを移転したり、新しい権利を設定することに関する部分は、他人に対して請求する権利に関する部分は債権法としてあつかわれる。

財産に対する権利

基本にあるのは所有権であり（民二〇六条）、あらゆる権利は所有権から派生する。所有権の対象は、不動産と動産に大別される（民八六条）。人間をモノのようにして売買すること（人身売買）が行われたが、現在では人間の売買は刑法で禁止されている（刑二二六条の二）。労働の提供のように人間のなすサービスは、取引の対象になるが、これは物権としてではなく、労務を提供する者に対する債権の形をとる。

所有者は自己のものを他人に売り渡すことができるが、所有物全部を渡すのでなくそのものにたいして利用権を設定して（例えば土地に対する地上権）それを売ることもできる。この場合にも土地の利用権を債権（賃借権）として契約上の権利とすることもできる。

2 債権債務関係

契約は当事者の合意によりつくられ、約束による利益をあてにして対価が支払われる。契約によりつくられた権利は財産的価値を持ち、取引される。

宿泊契約

たとえば、ホテルへの宿泊が契約されると、宿泊する者はこれをあてにして決められた日にホテルに行けば部屋を提供されて宿泊できるし、ホテル側は客が来ることを予定し、契約した部屋の提供に対して宿泊料を取ることができるという関係が生まれる。このように、契約（予約）があることに、双方が財産的価値を持つことになり、これが法的に保護される債権である。保護されるというのは、もし契約通り履行されない場合には、履行されたのと同じ状態を、損害賠償というかたちで実現できるのである（民四一五条）。

債権は債務者の債務実現（履行、弁済）が確保できないことに備えて、担保措置が必要とされる。金銭債務については、債務者の不動産に抵当権を設定して履行がなされない場合に競売して弁済を得られるようにしたり、保証人を求めて債務者以外の者にも債務の履行を請求できるようにする。

社会にはおいては、各人の必要に応じて、実にさまざまの契約が存在し、それらをもとにして各種の活動が行われている

法律行為

契約をはじめとしてこうした権利をつくりだすことを法律行為と呼ぶ。法律行為は意思の合致によるが、意思の形成について瑕疵（欠陥）がある場合には、不利益な意思を表示した者はこれを無効としたり取り消したりすることができる。例えば、買主が売主に欺かれて価値のないものを買わされた場合には、詐欺であるとして、契約を取り消し、払った代金の返還を求めたり、代金請求に対して拒否することができる。

意思表示に瑕疵がある場合としては、錯誤（思い違い）の場合には無効になる（民九五条）し、詐欺や、強迫の場合には意思表示を取り消すことができる（民九六条）。

このように表示した意思が真意と異なる場合の救済を定めている。真意を重んじることも大切であるが、表示された意思を信じた相手方の保護も必要であり、軽々しく意思表示の取消しを認めることはできない。

契約の自由

契約をする当事者は、原則として自己の必要と好みに従って法律関係を形成できるとされている（契約自由の原則）。しかし契約の種類によっては、当事者間の力関係が違いすぎて、対等な関係の形成が難しいとして、契約関係にいくつかの制約を設けている。たとえば契約期間の制限（最低期間法定）、契約の対価の制限（賃料制限）、契約関係解消の制限（賃貸借、雇用）などである。

各種の契約

民法では実社会で行われている典型的な契約を中心に一三の契約類型を定めている。実際には典型的でなく二種の混合的なもの、新しい類型の契約などが生まれている。

契約には、生活（消費）にかかわるものと、利潤を目的とした企業活動にかかわるものとがある。後者は、ビジネス論理でなされ、私人間とは異なったルール（商事法）に服する。

(a)　物の取得については、最も一般的、日常的な売買があり、特殊な関係にある者の間で無償の贈与という形で行われることもある。売買は買主が必要とするものを、金銭と交換する契約であるが、あらゆる経済取引の基本にある（経済学では商品交換と呼ぶ）。

契約には、合意だけで拘束力の生ずる諾成契約と、物の授受があってはじめて効力を生ずる要物契約がある。ほとんどの契約は諾成契約であるが、いくつかの主として無償の契約は要物契約とされている（例　使用賃借（民五九三条）寄託（民六五七条））。

(b)　物の貸し借り（利用）については、不動産のように相当長期にわたるものと、レンタルのような比較的短いものがある。不動産に関しては、借地、借家（アパート）として市場が確立している。土地に関しては、農産物（主として米）生産のための農地の小作契約がある。戦前は小作が自作よりも多いほどであったが、戦後改革の第一弾として小作地を耕作者に与えるという農地改革が行われ、その結果、自作農が中心になり、小作契約は減ったが、小作契約をするためには、契約内容（地代、期間）などについて、農業委員会の許可を得なければならない（農地法）。

(c)　物ではなく価値の貸借といってよいのが、（金銭）消費貸借である（民五八七条）。これは金銭を物として貸すというよりも、金銭的価値の貸借であり、利用料として払われるのが利息である。利息については、当事者で定めることができるが、借り手は弱い立場にあるため、利息の率を制限する法律がある。

消費貸借は、貸そう借りようという意思の合致だけでは法的な拘束力はなく、金銭その他の目的物の引渡しがなければ拘束力はない（要物契約）。

(d) 労務提供に関しては、労務の提供に対して対価を支払う雇用（民六二三条）、仕事の完成を目的としてする請負（民六三二条）、他人のために事務処理をする委任契約（民六四三条）、物の保管をする寄託契約（民六五七条）などがある。雇用は当事者間の力の差が大きいため弱者保護のための各種の労働法がある。

請負は建築物など、金額が大きくなることがあるため、詳細な契約条項を定めておくことが多い。委任契約は、訴訟ほかの法律事務の処理を弁護士に委託し、事務処理に対して謝礼を支払う契約である。医師（病院）に病気、ケガの治療、処置を依頼するのも、委任に近いものとして、準委任といわれる。委任契約では首尾よい結果が出なくても、定められた報酬の支払義務があるとされる。

3 損害賠償――不法行為

不法行為と被害者の救済

こうした債権債務関係は主として契約によりつくられるが、このほかに知らない人から損害を受けた者は、契約がなくても損害を与えたものに対して賠償を請求する権利があるとされていて（法定債権）、損害を受けた被害者の救済を図っている。

契約によらない損害についての権利が発生するためには、単に損害を受けたというだけではなく、損害を与えた者に、「故意または過失」があること、生じた損害が加害行為によること（因果関係）、加害行為により被害者の「権利」が侵害されたことが必要であるとしている。不法行為と呼ばれる

（民七〇九条）。法律に違反する行為というにとどまらず、損害賠償義務を発生させる行為をいう。

(a)　故意過失　たとえ損害を与えたとしても、注意をすれば防ぎえたのに、不注意によって損害を与えたというように、何らかの責められる点（過失）がないかぎり、損害を賠償する責任はない。損害を与えた原因者の結果責任ではない。

(b)　権利侵害というのは、たとえ損害を受けたとしても、権利の侵害とはいえない場合には賠償請求できない。例えば大型小売店ができたため、近くの小売店の売上げが減ったという場合にも、売上げ減は損害ではあるが、小売店の権利の侵害ではない。

(c)　因果関係というのは、加害行為による損害が無限に広がるため、制限するための基準であり、加害原因者に責任を負わせるための要件である。例えば電車事故のために、約束した時間に間に合わず、契約ができなかったとしても、電鉄会社の責任というわけではない。

損害とその種類

損害とは何か。損害を受けた者は、損害を受ける前の状態に回復してもらうことを望むであろうが、ガラスを割ったというのであれば新しいガラスをいれてもとの状態にすることは（原状回復）できるが、他人を傷つけたり、生命を奪った場合には元通りということはできない。そこで一率に損害を金銭的に評価して算定する（金銭賠償の原則―損害の金銭的評価（民七二二条一項・四一七条））。

(a)　過失相殺　横断歩道でない場所を渡っている際に被害者が車にはねられたというように、損害を受けた被害者も損害発生に寄与している場合、損害算定にあたっては、考慮（斟酌）する（過失相殺民七二二条二項）。ただ注意力が不十分な子供のような場合にも過失相殺ができるかが争われるが、事理弁識能力があれば（ほぼ六－七歳）過失相殺ができるとされる。

(b) 被害者が受けた損害のすべてが不法行為として救済されるわけではなく、通り魔により襲われたとか、ひき逃げされた場合には、損害賠償を請求する相手がいないから、救済がえられないこともある。そのうち犯罪被害者、ひき逃げ被害者には、法の定める補償制度が存在している。

(c) 損害については保険制度が存在しているが、なかでも他人や社会に損害を与える可能性のある活動をしている事業者（建設、製造業など）については、与えるかもしれない損害を賠償するための責任保険に加入しておく。自動車については、個人であれ会社あれ、加害の可能性が高いため、責任保険をかけないと、自動車を運行してはならないとされている（自賠法五条）。

【参考文献】

川井健『民法入門〔第7版〕』（有斐閣、二〇一二）
潮見佳男『入門民法（全）』（有斐閣、二〇〇七）
ともに五〇〇頁を超えるが、それほど民法の問題は多く大きい。
星野英一『民法のすすめ』（岩波新書、一九九八）

読みやすい民法への入門書。

大村敦志『生活民法入門』（東京大学出版会、二〇〇三）

日常生活上の問題と関連させて、生じてくる民法上の問題をまとめたもの。

17 家族の法

家族は自然発生的なもので、法が立ち入らなくても存続していくものともいえる。しかし、何を家族というかについては、親権、扶養、相続といった効果のもとになるものであるだけに、法はそれを定義している。財産法と違って家族法では当事者間での自由な関係形成が制限されている（公序法規、強行法規）。

1 婚姻

婚姻の成立

まず夫婦について、婚姻は男女が夫婦として届け出をすることを要件としている（民七三九条）。届け出のない結婚は法律上婚姻としては扱われない（法律婚主義）。ただし、届出のないカップルを婚姻と同視する法律もある。重婚的な内縁は除かれる。

婚姻するためには、年齢制限の他（男一八歳、女一六歳、民七三一条）、未成年者は父母の同意が必要である（民七三七条）。また重婚は認められない（民七三二条）。

同性間の婚姻は認められていないが、同性間の結婚に類似した関係をどのように扱うかは、欧米をはじめ各国で争われている。婚姻が男女でなければならないかについて、憲法二四条は両性の平等といい、民法七五〇条は、夫婦という言葉を使っていることから、日本では同性婚を法的には予定していない。婚姻としてではなく、婚姻類似の関係と扱うことは不可能ではない。

婚姻の解消

婚姻は、配偶者一方死亡のほか、離婚により解消される。

離婚を認めるか否かについては、日本ではあまり争われなかったが、キリスト教の影響の強い国においては、強い離婚反対論があった。現在も、離婚のためには裁判所の関与を必要とする国が多い。日本では、合意による協議離婚が認められている（民七六三条）。

当事者間で争いがある場合には、調停、審判による離婚の申立てを経て、裁判による離婚がある。裁判上では離婚原因が定められている（民七七〇条）。不貞行為、悪意の遺棄、三年以上の生死不明、強度の精神病により回復の見込みがないことのほか　婚姻を継続しがたい重大な事由があること、とされている。最後の重大事由には、いわゆる性格の不一致と言われるものがある。

争われているのは離婚原因をつくった側からの離婚請求が認められるかである。自ら不貞行為をするなどの離婚原因をつくっておいて、離婚を求めるというのは身勝手ではないかとして、長く離婚請求は否定されてきた（有責主義——最高裁昭和27・2・19判決民集六‐二‐一一〇）。しかし、婚姻が破綻している以上、いつまでも破綻状態に耐えるということにも限度があるとして、最高裁大法廷では、昭和62・9・2判決民集四一‐六‐一四二三で、一定条件（別居期間が長い、未成熟子がいないなど）のもとで、有責配偶者からの離婚請求を認める道を開いた（破綻主義）。実際には、離婚をすることには異議はないが、離婚後の生活費、養育費の支払いをめぐる争いである。

2 親子

親子関係の成立

親子関係があるか否かは、親権、扶養、相続などとの関係で、問題になる。

婚姻から生まれた子は夫婦の子である（嫡出子）。しかし、妻が生んだ子は夫の子と言ってよいかは問題になる。たとえば、夫が長期不在中に妻が生んだ子、性的無能力の夫の妻の子については夫の子とはいえない。夫の死亡後に夫の精子を使って生まれた子（死後受精）についても、遺伝的には夫の子ではあるが、父子関係はないとされる（最高裁平成18・9・4判決民集六〇－七－二五六三）。ＡＩＤ（ドナーによる人工授精）は、明らかに夫の精子を使ってはいないから、遺伝的には親子ではないが、夫が承諾していれば夫の子とされる。現在では　ＤＮＡ鑑定により親子関係は確定できるが、ＤＮＡにより確定できない限り親子と認めないとするわけにはいかない。

養子が認められているから、当事者の中立てで親子と認めてもよいとも考えられるが、養子と実子では大きな差がある。

養子縁組

養子は以前から子どもがいない夫婦が、とりわけ相続のため、子どもを育てるということが行われてきた。そのため、子どもよりも親の側の事情によることが多かった。そのため年長者でなければ、成年者をも、養子とすることができる。現在では親が育てられない子供を、血族関係をないものとして養子にする道も開かれた（特別養子、民八一七条の二）。

養子縁組は、解消することができる（離縁、民八一一条以下）。

親権

未成年の子は、父母の親権に服する（共同親権、民八一八条）。両親が離婚した場合は、父母のいずれを親権者とするかを決めなければならない（民八一九条）。

親権者が子どもを放置し養育の義務を果たさない場合、だれがどのようにすべきか。

本来、法律は、家族の問題には立ち入らず、家族内で解決するのが好ましいかもしれないが、このような子どもに関わる重大な問題や、離婚とか家庭内暴力（ＤＶ）のような深刻な対立があるような場合には、家族内に干渉して、時には力でもって解決せざるを得ず、親権をはく奪して、後見に付する道も開かれた。

3 相続

身分にもとづく相続

法定相続は親族としての身分をもつ者が、法に定められた割合で、被相続人の財産を取得する制度である（民八八二条以下）。戦前の民法では家制度がとられ、財産は家のものとされ、財産はすべて、家の代表たる家督相続人が相続する。しかし現在の憲法のもとでは、平等の保障から、子どもは等しく相続権があるとされ、配偶者とともに相続権が規定された。

相続分

相続権は、配偶者（民八九〇条）のほか、子、子がいなければ孫、直系卑属がいなければ直系尊属（親）が、卑属、尊属ともいなければ兄弟姉妹が相続する。なお兄弟には代襲相続がみとめられている（民八八七条）。

配偶者の相続分は、子とともに相続する場合は二分の一、直系尊属との場合は三分の二、兄弟姉妹だと四分の三である（民九〇〇条）。

相続人は、一定の場合、相続適格がないとされる。たとえば遺言を偽造、変造したり、隠匿したりすると相続権はない（民八九一条）。また一定の場合、推定相続人から廃除される（民八九二条）。

相続人のなかに、生前の被相続人から贈与、嫁資などを受けていた場合（特別受益）は、その分を相続財産に加算し、相続分との差額だけを相続分とする。

相続の承認放棄

相続財産は、積極財産ばかりとは限らず、消極財産が多い場合には相続を放棄したり（民九一五条）、限定承認することができる（民九二二条）。

遺言による財産承継と遺留分

被相続人が生前に遺言を作成しておけば、法定相続分と異なる割合で財産が承継される。受遺者は相続人である必要はなく、法人、慈善団体であってもよい。ただし、一定の相続人には相続分の半分の割合で遺留分があるので、他の相続人の遺留分を超えてまで取得することはできない。

相続回復請求権　相続人がいても相続権を侵害された場合には、侵害している者に対して相続分を回復する請求権がある（民八八四条）。

【参考文献】

窪田充見『家族法〔第2版〕』（有斐閣、二〇一三）

二宮周平『家族法〔第3版〕』（新世社、二〇〇九）

ともに変貌激しい家族法の動きをとらえて問題を解説する読みやすい教科書。

本山敦『家族法の歩き方』（日本評論社、二〇〇九）

やさしく家族法を説く本。

18 刑罰と法

刑事法は民事法と対比されることは第5章でふれた。刑事法は個人の利害よりも社会の秩序と治安維持を任務とするもので、国家にとっての法律である。刑罰権は国家だけが発動し、行使することができる。かつてはリンチや復讐のように、私人による処罰が行われたこともあるが、国家に刑事司法制度があるから、私人による処罰はできない。国家が起訴しない場合、検察審査会の議を経て私人による起訴の手続きが制定された（強制起訴、検察審査会法四一条の九以下）。

国家は秩序維持のために、違法な行為を抑圧し、法律に定める行為をしたものを犯罪として処罰する。刑罰を科するためには、事前に何が犯罪となるかを明示し、予告すべきであるとする罪刑法定主義が要請される。

かつては、刑罰権の発動に被害者の声は聞かれず、被害者には、裁判手続きの通知さえされなかった。つまり刑罰は被害者のために科するものではなく、国家のためのものであった。しかし被害者の声が種々の形で聞かれるようになり、近時被害者が刑事手続において発言するようになってきた。

1 罪刑法定主義

罪と罰

刑事法の基本原則は、罪刑法定主義である。フレキシブルで融通のきく民事との大きな違いである（⇩**5**）。国家は秩序維持のために、違法な行為を抑圧し、法律に定める行為をした者を犯罪者として処罰することができる。

刑罰を科するためには、事前に何が犯罪となるかを明示し、予告すべきであるとする罪刑法定主義が要請される。これこれの行為をすると犯罪になりますよという警告を与えるのである。

法律に違反した者を処罰する。そうなると犯罪になることを知らないで、犯罪として定められている行為をしたものを処罰できるか。盗むことが犯罪であるとは知らなかったというのは通らない。知らないとすればそのこと自体が、非難されるべきことであり、知らなくても処罰することは可能である（刑三八条三項）。

罪だけでなく、それに対する罰も法定されている。ただ日本の刑法では刑罰はかなり広い幅を持って規定されている。たとえば殺人に対する罰は、死刑、無期懲役、五年以上の懲役となっているため具体的事情によって選択することになる。昔は、犯罪ごとに定まった刑罰が決められていた。

刑罰は当該犯罪に定められたものしか科することはできない。凶悪な犯罪だから、法律にはない重い刑罰を科するということはできない。

死刑 刑罰としての死刑は極刑といわれ、刑法でもいくつかの犯罪に死刑を規定しているが、世界的には死刑は廃止される傾向にある。EUでは死刑の廃止をEUへの加入条件としているため、EU参加国に死刑のある国はない。しかし日本では依然として死刑を支持する考え方が強いとされ、殺人などの凶悪犯罪には、しばしば死刑判決がなされている。死刑は廃止しても犯罪が増えるわけではなく、のちに見る抑止力はあまりないとされている。

犯罪 (a) 犯罪の種類　何を処罰するか、犯罪とされる行為にはどんな刑罰が科されるかを法律が定める。犯罪とされるのは、破壊、殺傷、放火、など、他人または社会に害悪を加える行為である。うそを言ったり、虚偽のうわさを流すことはそれだけでは犯罪にならない。

(b) 故意を処罰　刑罰は原則として故意行為についてのみ規定され、故意ないし、過失による行為は例外的にのみ処罰される（刑三八条）。すなわち失火（刑一一六条）、過失傷害（刑二〇九条）、過失致死（刑二一〇条）など重大な結果をもたらすものは処罰される。失火について重大な義務ある者には、業務上失火（刑一一七条の二）として重い刑罰がある。

(c) 刑罰は結果責任でない。殺人罪については、故意があれば未遂も処罰される（刑四三条）。さらには、殺人の予備行為も処罰される。たとえば、凶器を持って集合することも犯罪とされている（凶器準備集合罪、刑二〇八条の二）。

(d) 不作為の処罰　損害の発生を防止しなかったことを処罰できるか。不作為による犯罪を処罰できるか。たとえば、溺れかけている人を助けないでそのまま通り過ぎたり見過ごすというのは、故意でも過失でもない。

通り過ぎた人には責任があるのだろうか。助ける義務がない者が助けなかったのは、犯罪にはならない。船員法では、船員に救助義務があるとしている（一三条・一四条）。

2 刑罰の要件

構成要件に該当

犯罪というためには、法律に定められた犯罪構成行為に該当しなければならない。窃盗というのは、占有を侵害することをいい、落ちていたものを拾い、取得するのは盗むには入らないが、占有離脱物横領（刑一五四条）にはなる。盗みのために他人の住居に入ることは住居侵入であるが、窃盗とは別に処罰することもできる。

違法性

犯罪になるためには、違法な行為でなければならない。違法性が阻却される事由がある場合は処罰できない。人を死に至らしめても安楽死であれば処罰できない。ただし自殺を幇助することは犯罪とされている（刑二〇二条）から、やすらかに死なせることも犯罪になる余地はある。

刑法では一般に被害者の承諾のある場合にも違法性はあるとされる。

有責性 刑罰を科するためには、責任を問われるだけの判断能力（責任能力）を備えていなければならない。したがって、精神的障害のため善悪の判断ができない者には、刑罰は科せられないことになる。ただし、アルコールや薬物の服用により、判断能力がなくなった場合にも、刑罰を科することができる。

再犯（より広く重犯、累犯）の処罰はむずかしい問題である。抑止ということからいえば、刑罰を科すれば二度としなくなり、再犯はないことになるはずであるが、現実には再犯（刑五六条・五七条）、三犯（刑五九条）と犯罪を重ねる者の方が多い。再犯には刑が加重される（刑五七条　累犯加重）。

キャリフォルニア州ではスリーストライク法というのがあり、三度目には厳しい罰を科することができるとされている。しかしその正当性には問題がある。

3 刑罰の目的

刑罰の目的は、一般に、応報、制裁、抑止にあるとされる。他にも被害者の満足感があげられたりする。

応報と報復 応報というのは、「目には目を」とか、悪には悪をと言われるように、報復的なものである。刑法は、被害者による復讐を禁止し、代わりに国家が犯人を処罰するものである。

制裁というのは、犯罪を犯した者に対して、けしからんとし、不利益（自由剝奪、罰金の徴収）を科することにより咎《とが》める。いわば懲らしめ、お仕置きをするものである。

犯罪の抑止

抑止というのは、犯罪がなされないようにすることである。これは、犯人が二度と犯罪を繰り返さないようにすること（予防）である。これはさらに、犯人自身が再度しないようにする個別的抑止と、刑罰が科されるのを見たり、知ったりした者が、犯罪をしないようにする作用をいう。この考え方でいけば、ある犯罪を犯した者は刑罰を受けたあと、悔い改めて、二度と犯罪を犯さないことになるはずであるが、実際には犯罪をおかした者が再び犯罪を犯す可能性はきわめて高い。もちろん処罰されたあと二度としない（更生）人もいるが、再犯、三犯の者が少なくないというのが現実である。そうなると刑罰には意味（抑止的機能）がないとも言える。

抑止には、刑罰を科することを公にすることにより、他の人に同じことをしないように警告する、一般的抑止がある。これは裁判を秘密にしないで、公開することとも結びつく。

法によって守られるもの—法益

刑事法規が守ろうとするのは何か。刑罰によって保護すべき利益は法益と言われる。ただし、刑法には、何が法益であるかは書かれているわけではない。窃盗を処罰していることから、所有権を尊重しようとすることが推しはかられる。

犯罪とされるのは、大別すると、利得的行為（欺罔《ぎもう》、強要により利得をする行為）と、破壊行為である。

他人の財物の破壊、生命、身体を損傷するというように、破壊、損壊的行為は犯罪とされる。また財産、生命の侵害に対しては、刑事罰をもって保護している。このほか、国家、社会の治安、平和はやはり刑法によって守るべきものとされている。

財産の破壊、窃取、詐取さらには放火を処罰しているから、財産（所有権）を保護するものといえる。現住建造物の放火（刑一〇八条）が、より重いのは、建物に住む人の生命をも害するからである。そのほか、社会的危険、交通、水道などの妨害についても刑罰を科している。これに対して、動物の虐待には刑法による刑罰はない。

名誉は、誹謗や中傷から守るのに刑罰を科していいのかは問題になるが、刑法は誹謗・中傷に刑罰を科している（刑二三〇条）。

このように、かなり広く有害な行為を刑罰で禁止している。しかし、駅前に自転車をおいて交通を妨害しても、刑事罰は科せられない。煙草の吸殻を捨てる行為についても刑罰はむずかしい。そのため地方自治体では、ポイ捨て防止の条例を設けている。

またうそをついたり、デマを広げても、よほど悪質でないかぎり（営業妨害のように）刑罰の対象にはならない。

非犯罪化

このほか、社会的に必ずしも広く是認されていないような行為、たとえば同性愛であるとか、不倫関係にも刑罰は科せられない。こうしたモラルの問題といえるものに刑罰を科するのがよいかについては、どこの国においても激しく争われている。一般的には刑罰をもって臨むのは控えめにしようという傾向がある（非犯罪化）。刑罰の対象になるかならないかと、善いか悪いかは別の判断であるという考え方である。

ただし、明らかに社会的な非難がある行為については、犯罪とされることもある。

4 現代的な犯罪行為

社会には手を変え品をかえ、新しい犯罪が生まれてくる。法律的には、法定されていないかぎり犯罪とはいえない。しかし類似の行為について犯罪とされていれば、けしからん行為として処罰してもよさそうであるが、法律に定められていないかぎり処罰はできない。

たとえば、ハイジャックは日本では一九七〇年に初めて発生したが、機内への監禁として監禁罪（刑二二〇条）を構成するが、それ以上に危険な行為であり、それ以上重く罰することができるかが問題になり、急いでハイジャック防止法が制定された。また、電話、乗車等のカードを偽造して行使した場合、通貨や有価証券の偽造などと同じように処罰できるかも問題になった。偽物を作って不当な利益をえているから、けしからん行為とはいえるが、法律に規定がないから処罰できないという判決が出たこともある。しかし、新たな立法ができて　カード類の偽造も処罰されることになった（刑一六三条の二）。

そのほか、あたらしい犯罪としては、コンピュータに関するものがある。ハッカー行為、不正アクセス行為にも刑事罰が設けられた（不正アクセス禁止法（平成一一年））。

【参考文献】

大谷實『刑事法入門〔第7版〕』（有斐閣、二〇一二）
刑事法の問題をコンパクトにまとめた読みやすい本。
井田良『基礎から学ぶ刑事法〔第4版〕』（有斐閣、二〇一〇）
若い世代の学者による工夫された書。
山口厚『刑法入門』（岩波新書、二〇〇八）
刑法をコンパクトにまとめた本。
高橋則夫編『ブリッジブック 刑法の考え方』（信山社、二〇〇九）

19 行政と法

1 国家による統治

国家による国民の統治支配のためのルール、すなわち政府権力の機構は、法によって定められている。国家は、国民の利益にならないことをしないから任せておけばよいとして、近代以前の国家は、国王に統治されても、国民の利益を図るから制約を設ける必要はないとされた。しかし国王（君主）は国民から高額な税金をとって立派な宮殿を建てたり、豪奢な生活をするなどして、国王のために国民が犠牲になっているとして、国王にも制約を設ける必要があると考えられるようになった。有名なイギリスのマグナ・カルタ（Magna Carta, 1215）も国王の権限を制約するものであった（立憲君主制）。

一八世紀の市民革命により、権力が君主から国民に移り、民主共和政治が行われるようになった。しかし支配権力を持つ者は、国民の利益を無視しかねないというので、君主制から共和制へ移行した後も、権力を持つ者が濫用しないような国家が構成された。これが「法律による行政」または法治国家といわれ、憲法にもとづき権力行使のルールを設けて、恣意的な統治（租税の徴収　邪魔な人物の人身拘束など）がなされないような制度がつくられた。

恣意的な権力行使のチェックが必要とされた権力者は、国民にいいことをするとは限らない。不利益な処分（課税、不許可）がなされないように、権力行使の方法が憲法および法律に定められた。

三権分立　政府機構については、憲法の定める民主制のもとにおいては、立法、行政、司法の三権が分立している。立法機関として国会（議会）については、国民から選出された代表が、立法をする。そのため国会の構成（二院制）議員の選挙法、任期、議事手続きなどが、公職選挙法、国会法などにより定められている。

行政府（内閣）は、国会を基礎に構成され、省庁が、与えられた権限を行使して、政策を実現する（政策実施機構）。

司法権は、裁判所が行使する。裁判所は、自ら乗り出して動くわけではなく、常に受け身で、持ち込まれた紛争（刑事、民事の訴訟）の解決にあたる。裁判所の配置、裁判にあたる裁判官、職員などの人的スタッフの管理および法曹養成に、弁護士会とともにかかわる。

行政の目的は、今日ますます多様化・多角化し、外交は別として、内政では、経済運営、通貨管理、福祉実現、生活保障、産業育成、交通通信、資源確保、環境保全などにまで及んでいる。

2 地方自治

行政主体としては、国のほか、地方自治体がある。国、公共団体は、行政主体として、優越的地位にたっている。行政庁の行為は一方的に法形成され、公定力があるとされる。私人間の関係のような権利義務関係でなく、国民を支配する権力関係にある。しかし、それだからといって、恣意的に無制限な権限の行使が許されるわけではなく、権力行使のルールともいうべきものがある。

権力抑制の法が、行政法、行政手続法であるといってもよい。こうした法そのものが、民主的な選挙による国民の代表によって制定されたものである。

3 行政法、規制法、給付法

行政法といわれるものは、きわめて多種、多様なものからなる。大別すると規制法と給付法に分かれる。規制法は、国民や私企業の行う活動に対して、公的な観点（安全、福祉、利害調整、弱者保護）から制約をくわえるものである。

給付法というのは、行政が国民に一定の条件のもとで、租税財源から各種の給付（補助金、手当、給付金）を行うものである。

規制は、企業または事業の活動が無秩序に行われないように規制を加えるものである。とりわけ厳しい規制は、土地利用に関する規制である。土地は、私有財産であっても、その利用方法によっては社会に大きな影響を与えるものであるため、利用を制限したり、場合によっては、公共目的のために強制的に土地を収用することまで含まれる（土地収用法）。

都市計画法と建築基準法

都市計画法は、土地利用に厳しい制約をもうけている。都市計画により、土地を市街化区域と市街化調整区域に分け（いわゆる線引き）、建築行為は市街化区域にしか認めないとするものである。野放図《のほうず》な都市の発展を防止しようとするものである。この制度は、昭和四〇年代に導入されたきわめてドラスティックな手法であるが、これにより市街地の秩序だった発展を図ろうとするものである。

また建築基準法と相まって、建物についても、高さ、構造（耐火、木造）の制限を設けて、防火、耐震などの目的のため、建築規制をもうけ、木造でなく耐火建築、高さや建築面積の制限などがある。

農地法

農地に関しては、市街地以上に厳しい制限がある。農地も私有財産であるが、公共目的（食糧確保）のため厳しい規制下に置かれている。これは戦後改革の第一弾として敗戦直後の一九四五年、地主小作関係の廃止を目指した農地改革が、GHQの指令により行われた。すなわち、耕作者に農地の所有権を与え、また農地の保有制限を命令するものであった。革命的ともいえる農地の強制収用がなされ、小作地が劇的に減少し、農民は小作料の負担から免れた。財産権を保障する現憲法が制定される前で、のちに農地を取られた地主からの不服申立てや、違憲訴訟（憲二九条三項）も提起されたが、最高裁により斥けられた。農地法により、農地の再集中を防止するため、移動制限（許可を必要とする）が設けられ、今日に至るまで、農地については厳しい規制が続いている。

給付行政

こうした規制をするばかりではなく、政策目的を推進するため、補助金を出したり、租税の軽減を図ったりして、一定の産業の助成がなされている。ただ農業と違って、工業ではあまり手厚い保護は行われていない。もっとも中小企業の保護は、政策目標になっていて、規制緩和、税制上の優遇措置がある。

給付行政としては、生存権（憲二五条）の考え方のもとに生活困窮者に対する生活保護が行われている。ただ困窮者の増加と共に、財政的負担が増え、財源確保が課題になっている。生活保護は単に困窮している者には、誰に対してもというわけではなく、厳しい受給要件が定められている。生活保護受給者が二〇〇万人を超えるまでになり、財政負担が問題になっている。

サービス行政としては、教育の分野では、義務教育について、私学と共に公立学校が設けられ、地方公共団体の重要な任務になっている。

福　祉

福祉の分野では、介護、保育、医療などのサービスが、病院、保健所などを通じて行われている。年金、保険分野では、国民年金、厚生年金などがある。

行政救済

行政行為には、公定力があるが、不満のあるものは行政行為の取消しを求めることができる。課税処分の取消しとか、道路や都市計画決定、忌避施設（ごみ処理場、火葬場）などの計画については近隣住民からの不服申立てが多い。

4 国家と地方分権

行政事務は国だけでなく、地方自治体によってもなされる。

憲法も、「地方自治の本旨」に従い、地方自治体の活動を保障している。地方自治体に何を任せるかについては立法政策の問題であるが、全国一律のものは国に、地方の特色をいかすべきものは地方にというのが原則である。防衛、通信などは専ら国の仕事であり、産業振興、助成などは地方自治体が、独自性を生かして取り組む。税収のもとになる住民税の税率は、自治体によって異なり、独自の税を設けたりしている。

行政と民間活力（民活）、民営化

単に、国と地方での分化にとどまらず、最近では民間でできる事務については民間に任せるのがよいという、いわゆる民営化（民間活力の活用）がすすめられている。公と民の分業は難しい問題であるが、かつては国の事業であった、電信電話、郵政、鉄道などが民営化され、民間の会社の参入により、より多様なサービスが提供されている。しかし民間では採算がとれないような事業（地方交通、廃棄物処理、環境保持）などについては、依然として行政サービスとして行われている。

5 国家賠償

権力作用により国民に損害が生じた場合

戦前の明治憲法下では、国のしたことは違法ではないとして国民に損害賠償をしないという国家無答責がとられていた。そのため、軍事工場から火が出て家を焼かれても責任を問えないとされていた（国の行為についての免責）。

これを改めるために、憲法一六条は国の責任を規定した。これにもとづき、国家賠償法が制定された。公務員のなした不法行為についての国、公共団体の責任（一条）国、公共団体の管理する営造物の瑕疵による損害についての国、公共団体の責任（二条）が規定された。

公務員の不法行為としては　警察官が不当に逮捕し拘束した、または警棒で通行人をケガをさせたといった場合である。こうした身体的損害以外にも公務員の判断ミスによる損害についても責任が争われ、たとえば、税務職員が滞納処分について誤った執行により、損害を被った場合にも責任がある。

営造物による事故

営造物による事故については、国、公共団体の管理する道路（国道、県道）が崩壊したとか、橋が落下したことにより生じた損害についての責任である。要件としては、営造物の「瑕疵」によるとされていて、崩壊しそうになっていたとか、朽廃していたとかいったことである。結果責任であるといってよいが、未曽有の災害が加功している場合に瑕疵といえるかはあらそいになる。このほか自然公物とされる河川が、洪水により決壊した場合、瑕疵があったといえるかも争われる。河川の決壊をすべて防ぐことは事実上困難であるが、管理の状態にもとづき判断される。

【参考文献】

芦部信喜〔高橋和之補訂〕『憲法〔第5版〕』（岩波書店、二〇一一）
樋口陽一『憲法入門〔4訂版〕』（勁草書房、二〇〇八）
　行政法の前提となる憲法についてのわかりやすい本。
藤田宙靖『行政法入門〔第5版〕』（有斐閣、二〇〇六）
　のちに最高裁判事を勤めた行政法学者によるわかりやすくまた内容豊かな入門書。
原田尚彦『行政法要論〔全訂第7版補訂2版〕』（学陽書房、二〇一二）
　広範な行政法を要領よくまとめた本。
宇賀克也編『ブリッジブック 行政法〔第2版〕』（信山社、二〇一二）

20 国際関係と法

これまで法として専ら日本国の法を扱ってきたが、今日ではグローバル化といわれるように、海外旅行、国際結婚、外国製品の取引に至るまで、国内だけではとうてい片づかないような、ボーダレスな状況になっている。しかも海外旅行中に、戦闘にまきこまれたり、事故にあったりといったこともめずらしくはない。

1 国際法の法源

国際関係についての法については、まず法はどこに存在するかが問題になる。国家法のような統一的な法典はないから、いろいろな文書（documents）に書かれているものを見るほかない。国内法に対応するような、超国家的な共通法は存在していない。国際関係については、普遍法として、長年行われてきた、「確立された国際法規」（憲九八条二項）があるくらいである。

また国連の平和維持活動のための国連の定めがある。また一種の自然法的な国際人道法があり、国内における人権侵害（少数民族の虐待、政治的な反対勢力の弾圧）に対する非難や、干渉が行われるが、無関係な国が他国の不法にかかわることが内政干渉になるのかが争いになる。

2 条約

国際関係においては条約による取り決めが重要な役割を果たしている。条約には、二国間のものと、多国間のものとがある。

二国間条約 二国間の条約は、国と国との間で個別的な外交交渉により、協議をして締結する。取り決めの内容は相手国によって異なる。たとえば、A国についてA国民に対してはビザ（入国査証）を免除するが、B国民に対しては、ビザを要求する。また貿易についてもC国からの機械製品には関税をかけないが、D国の工業製品に対しては関税をかけるといったことが行われる。

本来は関税をかけたりしないで、国際間で自由な通商、交易を認めるのがよいが、それぞれの国の事情からこうした均等でない待遇が存在する。国内産業保護のための関税障壁といわれる。

条約は、必要に応じて多国間、二国間で、事項ごとに——安全保障、輸出入品目、関税、租税、投資、出入国、居住条件、犯罪人引渡し——取り決めをするが、当然取り決めがなされていない事項もある

多国間条約 多国間のものは、例えば海洋、宇宙開発利用、自由貿易、環境保護、資源開発、軍縮、核兵器使用禁止、難民保護等について、条約締結会議を招集して条約案を審議したうえ

で、成案を採択し、参加国が批准することにより発効する。COP11（温暖化防止条約）、希少動物保護、象牙の取引禁止条約などである。

最近では、EUのような国家連合を結成して、域内での人や物の交易を自由化し、国力、交渉力を高める動きもある。

3 国際組織

国家を超える組織として、現在世界にはさまざまな国際組織、国際機構が存在している。代表的なものは、世界の二〇〇カ国近くが参加している国際連合（UN、一九四五年設立、本部ニューヨーク）であるが、UNの周辺にはたとえば、通商、貿易にかんするWTO、知的財産権に関するWIPO、労働関係に関するILO、保健衛生に関するWHO、食糧問題についてのFAO、難民保護のためのUNHCRといった組織があり、それぞれが法的な組織と人員（国際公務員といわれる）をかかえて、各地域に拠点を置いて、国際的なレベルで調整的な任務を果たしている。

このほか国家レベルではなく、民間レベル（非政府組織NGO）にも、いくつかの国際組織が活動している。国境なき医師団、国際赤十字、アムネスティ・インターナショナルなど。政府がかかわらないから重要ではないとは言えないほど、政府組織ではできない活動を成し遂げている。

4 条約と国内法との関係

国内法との関係では、条約は、憲法または法律といずれが上位に立つかが争われる。（⇩**12**）憲法との関係では、条約は下位にあるといってよいが、法律との関係では問題がある。国際的に締結された協定は、国際礼譲からいっても守るべきだという考え方と、国内で通用しない法を条約として締結するのはおかしいという反論もある。現実には、条約が先行するが、批准にあたって国内法を整備するかたちがとられる。

5 裁判所

法だけではなく、紛争解決のための裁判所は国家間レベルでは存在していない。

国際レベルの裁判所は存在していないが、国際連盟時代につくられた常設国際司法裁判所ＩＣＪ（国際連盟規約一四条、ハーグ）が、国連になってからも存続し（国際司法裁判所規定一九五四年、ＩＣＪ）、限られてはいるが、国境、大陸棚などについての係争案件の処理をしている。ただし管轄は両当事国の合意が必要とされる。ＩＣＪでは、戦前から日本人が裁判官として重要な役割を果たしている。戦前の織田萬、安達峰一郎裁判官、戦後の田中耕太郎、小田滋裁判官、小和田恆裁判官である。

国際犯罪とくに戦争犯罪については、一九九八年に条約が採択され、二〇〇三年発足した国際刑事裁判所（ＩＣＣ）があり、主として戦争犯罪について訴追し、裁判をしている。

このほかＷＴＯやＷＩＰＯなども、関税、政府補助金、著作権、特許権に関する紛争についての判断を示すことがある。

地域的に限られているが、重要な働きをしているのが、ヨーロッパ人権裁判所ＥＣＨＲ（ストラスブール）である。これはＥＵの設置している裁判所であるが、人権侵害事件を個人からの申立てにもとづいて審理し、裁判している。申立てには国内裁判所を経由する必要はなく、被害を受けた個人が直接訴え出ることができる。ロシアや東欧諸国など、国内の人権保護体制が十分でない国からの申立てが多い。

6　国際紛争

私人間と同じく国家間でも紛争が起きる。隣りあう国との間での領土、国境に関する紛争が最も多いが、これをどのようにして解決するかはむずかしい問題である。何十年にもわたって争われている国境紛争もある。

このほかにも国境近辺での環境汚染であるとか、隣国からの難民流入なども、解決がむずかしい。

7　国家と戦争

国際社会においては、国家も法に拘束される。たとえば国家は、他国に戦争を仕掛けて、攻撃、侵略してよいかである。世界のあちこちで、依然として、国の軍隊によるだけでなく、民兵ないし民間人による、武器を用いた戦火がたえない。古くから交戦についても、規則をもうけ、非戦闘員を保護するとか、残虐行為の禁止などが、明文化されている（戦時国際法）。それにもかかわらず、戦争ないし戦闘行為はなくならない。

他国に侵入してはならないという法は、国連憲章にも書かれている。条約としても、不戦条約という条約があったが、二国間で不可侵条約を締結することはあるが、一般的な戦争禁止の規範はない。国連憲章は戦争を手段として用いてはならないとしているが、戦時国際法によれば、侵略、攻撃も一定の場合には許されるとしている。第一次大戦後、当時の列強の間で、国際紛争解決の手段としての戦争を放棄するという考え方からパリで不戦条約が締結された（一九二九年）。しかし条約は無視されて第二次世界大戦が起こった。

8 法主体としての国家

国家体制の変革

国際法の法主体は、国家であるが、国家は、時には革命により、政治体制が変わったり、分裂したり統合されたりする。そうした場合、どこまで同一の国家として扱うか。言い換えると、前の国家の（条約上の）権利義務の承継を認めるかどうかが問題になる。かつては、常任理事国の中国（台湾）が、中国（中華人民共和国）に交代したことがある。また、一九九〇年からユーゴスラビアという大きな国からいくつかの小さな共和国（セルビア、クロアチア、スロベニア）が独立したことがある。同じころ、旧ソビエト社会主義連邦共和国（ソ連）が分裂して、ロシア、ウクライナ、ベラルーシュ、バルト三国などいくつかの国に分かれた。

逆に国家が統合されることもある。最近では、一九五〇年いらい分裂していた東西ドイツ（BRDとDDR）が再統一された（一九九〇年）。

世界法

理想をいえば、世界各国がひとつの法の下で共存していくのが望ましい。そうした世界法の構想は、戦前、田中耕太郎（のちに最高裁長官）が『世界法の理論』三（一九三二〜三四年）で唱えたほか、いくつか提案があるが、個別領域（契約、環境保護）についてすら法の統一がむずかしい状況下では、実現は困難である。

【参考文献】

横田洋三『国際法入門〔第2版〕』（有斐閣、二〇〇五）
簡潔で分かりやすい初学者向けの本。
植木俊哉編『ブリッジブック 国際法〔第2版〕』（信山社、二〇〇九）
新しい問題を含めて、興味深くまとめられた考えさせる書。

参考文献

より進んで法を学ぼうとする場合にも、いくつかのタイプがある。法についてより詳しく知りたいとか研究したいという人、法を学んで法律家になりたいという人、ある問題についてより詳しく調べたいという人もいる。法律家になりたいという人については、法律家になるためには法科大学院で学んで、国家試験に合格しなければならないから、相当専門的な本（体系書）に基づいて学ばなければならない。ここではそうした専門家になる人の読む専門書ではなく、法についてもっと知りたいとか、法がおもしろい研究対象であるから学びたいという人向けに、入手しやすく、参考になる本をあげる。

なお、本書を読むにあたっては、六法が手元にあるとよい。大から小まであるが、手頃なものとして、『法学六法』『標準六法』（ともに信山社）がある。

全般的なもの

団藤重光『法学の基礎〔第2版〕』（有斐閣、二〇〇七）

刑法学者でのちに最高裁判事として裁判の実際にかかわった権威者によるもの。法よりも法学、法思想に重点。

三ケ月章『法学入門』（弘文堂、一九八二）

民事訴訟法学者でのちに法務大臣も勤めた学者によるもので日本法の歴史的生成をたどりながら　法の世界へ導く。レベルも格調も高い。

五十嵐清『法学入門〔第3版〕』（悠々社、二〇〇六）

外国法、比較法の研究で著名な著者による法を学ぶための前提となる基礎知識を解説するもの。

田中英夫『実定法学入門〔第3版〕』（東京大学出版会、一九七四）

法律家になろうとするものに、法の素材をもとに説明というより法の考え方を身に着けさせるものとして工夫されたもの。

碧海純一『法と社会―新しい法学入門』（中公新書、一九六七）

古いが社会における法の役割をやさしく説くもの。

道垣内正人『自分で考えるちょっと違った法学入門〔第3版〕』（有斐閣、二〇〇七）

よく工夫された新しいタイプの入門書。

伊藤正己『裁判官と学者の間』（有斐閣、一九九三）

学者から最高裁判事になり10年近く裁判官を勤めた著者による学者と裁判官の差異を、自らの（少数意見）と共にまとめた貴重な記録。

多数の著者によるもの

伊藤正己＝加藤一郎編『現代法学入門〔第4版〕』（有斐閣、二〇〇五）

南野森編『ブリッジブック　法学入門〔第2版〕』（信山社、二〇一三）

事項索引

あ行

か行

さ 行

な 行

は 行

ま　行

著者紹介

山田卓生（やまだ　たかお）
1960年　東京大学法学部卒業
1973年　東京大学大学院法学修士．東京大学助手，中央大学法学部講師・助教授・教授．ハーバード・ロー・スクール卒業（LLM）．
1980年　横浜国立大学経済学部教授
1990年～1998年　横浜国立大学大学院教授．
1991年～1996年　司法試験考査委員
現在，横浜国立大学経済学部名誉教授，弁護士（第二東京弁護士会）

著書　『著作集全４巻』（2010年，信山社），『歩いてきた道』（2008年，信山社），『新現代損害賠償法講座』（編集代表全６巻）（1998年，日本評論社），『日常生活のなかの法』（1990年，日本評論社），『続日常生活のなかの法』（1992年，日本評論社），『私事と自己決定』（1987年，日本評論社）

信山社双書
法学編

法学入門
社会生活と法

2013（平成25）年３月29日　第１版第１刷発行

著　者　山　田　卓　生
発行者　今井　貴・稲葉文子
発行所　㈱　信　山　社
〒113-0033 東京都文京区本郷6-2-9-102
TEL 03-3818-1019　FAX 03-3818-0344
Printed in Japan　henshu@shinzansha.co.jp

印刷・製本／亜細亜印刷・渋谷文泉閣
出版契約書 No.2013-8607-6-01011
ISBN 978-4-7972-8607-6 C3332
8607-012-0200-020
NDC 分類321.000